JN410967

# 마흔아홉

- 백제녀 편지 -

이 정 지 지음

"어느 날 새벽 별은 다가왔고
두 시에 일어나
글을 쓰기 시작했다."

## 작가의 말

어찌 해야 할지 모르는 사이에 결혼을 하고 아이를 낳았습니다. 29세라는 나이는 버겁지 않았습니다. 30세는 젊은 나이였으니까요.

39세에는 40세라는 나이를 받아들이기 힘들었습니다. 아무것도 이루지 못한 나이에 40세란 무게는 버거웠습니다. 하지만 어쩔 수 없이 40세를 받아들였습니다. 아이들을 키우면서 저도 성장하리라고 마음먹었지요.

49세가 다가왔습니다. 뭔가 결정을 내려야 할 것 같았습니다. 무엇인가를 다잡고 싶었습니다. 인생의 반절을 살았다면 '앞으로 어떤 삶을 살아야 하는 가' 고민되었습니다. 가장 하고 싶은 것은 다시 공부하고 싶다는 것이었습니다. 저는 대학원에 들어갔고, 글을 쓰기 시작했습니다. 그리고 저의 글을 새전북신문에 연재하였습니다.

이 책은 신문에 연재된 글을 모아서 만들었습니다. 어떻게 살고 있는가, 앞으로는 어떻게 살아가야 하는 가 등 저의 고민이 담겨있습니다. 이 글을 내놓기까지 지속적으로 저를 지지해준 가족과 친구들에게 이 글을 바칩니다.

# 차 례

## 1. 사랑의 기억



## 2. 한 사람

## 3. 혼불, 아직도 흐른다



## 4. 경계인을 넘어서

## 5. talk냠talk냠

# 마흔아홉

- 백제녀 편지 -

# 1
# 사랑의 기억

산길 넘는데

왠지 마음 끌리는 제비꽃

– 바쇼 –

1. 사랑의 기억

## 백제녀, 편지를 쓰는 이유

SNS에는 글 잘 쓰는 사람이 많습니다. 수려하고 재주 있는 글이 많습니다. 쟁쟁한 분의 글을 읽다 보면, 하찮은 제 글을 당장 접고 싶을 때가 한두 번이 아닙니다. 글을 밖에 내놓는 것은 자신을 드러내는 것이기에 부끄럽습니다. 때론 어느 부분만 읽고 그것이 제 모든 모습인 양 단정 짓는 경우가 있기에 조심스럽습니다. 그런데도 제가 글을 쓰는 이유는 글을 읽고 받았던 '글 빚'에 대한 예의 때문입니다.

첫째, 영호남 성리학자인 이황과 기대승은 13년간 130여 통의 편지를 주고받았습니다. 이황은 기대승보다 스물여섯이나 많지만, 서로 사상을 이해하며 보완해주는 역할을 했습니다. 신라인과 결혼한 제 편지가 어떤 식으로든 영호남의 다름을 이해하는데 도움이 되길 소망합니다.

둘째, 고흐에게는 단 한 명의 친구인 동생 테오가 있었습니다. 동생 테오는 형을 끝까지 믿고 지지했습니다. 누구에게나 모든 것을 받아주는 테오 같은 동생이 필요합니다. 고흐는 신뢰하는 동생에게 모든 것을 담아 진실하게 편지를 썼고 재능을 미술작품에 쏟았습니다. 동생과의 편지는 그의 작품 세계를 열어주는 통로였습니다. 제 편지가 어느 한 사람에게라도 힘이 되었으면 좋겠습니다. 또한, 저를 살리는 글이 되길 소망합니다.

그럼 제가 왜 '백제녀'란 이름으로 편지를 쓸까요? 결혼 초, 대통령 선거 즈음에 시댁인 대구에 갔습니다. 식사 도중 "김대중은 빨갱이"라는 말이 나왔습니다. "빨갱이가 어찌 대통령 후보까지 되었을까요?"라는 말만 남겼지만 이해되지 않았습니다. 몇 년 전 어느 모임에 갔는데, 어느 분이 '전라디언'이란 말을 아무 생각 없이 썼습니다. 놀랐습니다. 분노했지만 참고 경청했습니다. 자신이 겪은 몇몇 사건을 놓고 싸잡아 이야기했습니다. 지난해 또 다른 모임에서 한 분이 말하였습니다. "전라도 사람은 정말 이상해요. 그렇죠? 이래저래, 사기꾼도 전라도에서 가장 많이 나오잖아요. 참 이상해요. 전라도 사람들."

부산이 고향인 다른 분은 머쓱했는지 "이정지 샘만 전주분이죠?"라고 묻습니다. "네. 그런가요."라며 웃으며 대답했지만 분노했습니다. 학력 차별보다 심한 지역 차별이었습니다. 그 자리에는 전남 사람도 있었고, 전라도 남편을 둔 사람도 세 명이나 있었지만 누구도 자신이 전라도와 관련됐음을 밝히지 않았습니다.

오래 전부터 한국인이나 동양인이 아닌, '지구인'이 되길 저는 소망했습니다. 제가 지극히 좁은 의미인 '백제녀'라는 필명을 사용하는 이유는 호남인이라는 사실이 부끄럽지 않기 때문입니다. 신라인 남편을 만나 사랑하게 되었고, 남편이 태어나고 자란 고향의 음식과 문화를 익혔듯이 제 글을 읽는 분도 호남에 대한 그릇된 편견에서 벗어나길 소망합니다.

"백제 문화를 살리고 일으켜야 대한민국이 살텐데…"라고 신라인 남편은 말합니다. 문화와 예술의 고장이라는 백제에 대해 저는 잘 모릅니다. 백제 유적지는 쓸쓸합니다. 제가 보고 느낀 것을 편지 형식을 빌어 담담하게 남길 생각입니다. 저의 소박한 일상의 편지가 전라도에 대한 편견을 조금이라도 없앨 수 있다면 부끄럽더라도 이 편지는 계속될 것입니다.

**1. 사랑의 기억**

## 눈물에 갇힌 딸을 보며

물을 듬뿍 빨아올려 노란색을 품은 새순은 꽃같이 아름답습니다. 비가 촉촉이 온 뒤 안개 낀 모악산을 걷다가 마주하는 4월의 봄은 명화에서나 볼 수 있는 풍경입니다. 그때 지인의 전화가 옵니다. “부탁이 있어요. 혹시 노란 색으로 된 어떤 물건을 사진 찍어 올리고 간단하게 세월호 아이들을 기억하는 글을 써서 페이스북에 올려주세요. 선생님이 가장 먼저 생각났어요. 그리고 선생님이 아시는 두 분에게 똑같이 요청해 주세요.”

노란색이 뭐가 있을까 곰곰이 생각해보았습니다. 차도, 이불도, 휴대폰 케이스도 노란색입니다. 식탁 위의 프리지어도 노란색입니다. 노란색은 주변에 많았지만 공개적으로 그런 표현을 한다는 것은 망설여졌습니다. 미안했지만 친구의 요청을 지킬 수 없었습니다. 그날 밤 12시가 넘었는데, 기숙사에 있던 딸에게서 문자가 옵니다. “엄마, 나 울고 있어요. 이 책을 읽고 있어요.”라며 보내준 책 이름은 『봄이 다시 올 거예요』입니다.

주말에 딸을 만나니 여러 가지 이야기를 해줍니다. 교육청에서 주관하는 행사에 갔었고, 초청인사에게 질문하고 싶은 것을 적었답니다. 자신의 것이 채택되었고, 그것 중심으로 토의가 진행되었답니다. "엄마! 신문에서 읽었던 '동정피로'에 대한 것이 마음에 계속 남아있어. '동정피로'라는 말 대신 다른 언어가 나의 마음을 표현 할 수 있으면 좋겠어."

처음 세월호가 바다에 빠진 것을 보았을 때는 자신이 중 2, 친구 집이었지만 큰 소리로 울었는데 시간이 지나자 세월호 이야기만 나오면 부담스럽고 짜증이 나서 피했답니다. 그런 자신을 보고 '나쁜 아이인가?'라는 생각이 든답니다. 오빠 또래의 사연이 책속에 있어서 만약 우리 오빠에게 그런 일이 일어난다면 나는 어떻게 하고 있을까 생각해보니 남의 일 같지 않다고 합니다. 동정해야 할 일이 아니라 우리의 일이라고 생각하고, 그 일이 왜 일어났는지를 생각해보아야겠다고 합니다.

2016년 4월 16일, 딸과 대화를 나눈 밤은 매섭게 회오리바람이 불었습니다. 아파트 문을 꽁꽁 닫았어도 세찬 바람소리는 온방에 연연히 퍼집니다. 애써 외면하려했지만 노란리본을 단 배낭들, 노란리본이 달린 노란 물결은 더 둥둥 떠다니며 출렁거립니다.

세월호가 침몰된 시점은 제 아들이 해군으로 들어가서 훈련을 받고 있었습니다. 아들걱정으로 세월호 사건은 남의 일 같지 않았습니다. 아들이 물속에 빠진 듯이 고통스러웠습니다. 아들이 제대를 하고 나니 이제는 남의 일이 되었습니다. 신문이나 방송매체 그리고 정치권에서 세월호 이야기를 하면 미안한 마음이 들었지만 피하고 있는 저 자신을 봅니다.

그날 밤, 딸의 말이 쟁쟁거려서 '동정피로'라는 사설을 찾아 읽었습니다. "동정피로란 고통스러운 현실이 지속되면 고통 받는 자들에 대한 동정심이 약화되는 것을 가리킨다." 마음이 무거웠습니다. TV 화면에 비춰진 세월호 가족의 지치고 힘없는 절규는 죄책감을 가중시키고 있었습니다. 미안한 마음에 채널을 돌렸습니다.

다음날 딸 친구엄마가 놀러왔습니다. 간밤에 회오리바람이 너무 세게 불었고, 세월호 아이들이 생각난다고 합니다. 내 아이가 빠져서 그렇게 죽었다면 부모로서 일상적인 어떤 생활도 하지 못할 거라고 말합니다. 저도 그럴 것입니다.

수학여행을 떠난 우리 딸 또래의 청소년은 세월호에서 구조되기만 기다리다가 죽어갔습니다. 그들의 부모님은 마른 가슴으로 여전히 그들을 기다리고 있습니다. 국가는 국민을 보호할 의무가 있습니다. 세월호 희생자나 유가족뿐만 아니라 그들을 떠나보내지 못하고 마음속에 담고 있는 또래 청소년들, 우리 국민 모두가 받고 있는 무언의 미안함과 죄책감도 덜어 주어야 합니다.

하루빨리 어른으로서 아무것도 해주지 못했던 무력감으로부터 벗어나고 싶습니다. 그래서 세월호의 진상과 책임규명은 더 명확하게 이루어져야 합니다. 우리 모두는 국가가 보호할 의무가 있는 대한민국 국민이기 때문입니다.

1. 사랑의 기억

## 넘버 투, 되살아난 추억

피곤이 풀리지 않은 남편은 머릿속에도 종기가 나고 있었습니다. 하지만 제가 패널로 참석하는 서울 북콘서트에 함께 가자고 물었습니다. 남편은 바람도 쐬고 서울구경도 하자면서 흔쾌히 따라 나섭니다. 예상보다 한 시간 먼저 도착했습니다.

남편은 머리 뒷부분을 정리하고 싶답니다. 돌아보니 개업 준비 중인 헤어숍이 보입니다. 한 분이 머리를 손질하고 있습니다. 호텔 바로 앞에 있습니다. 너무 비쌀 가봐 가격을 살짝 물어보았습니다. 다니던 곳의 딱 두 배입니다. 머리 뒷부분만 조금 다듬을 거니까 가격을 낮춰줄 수 있냐고 물었습니다. 개업했지만, 아직 거울이 안 달렸으니 그러랍니다.

젊은 원장님은 남편이 의자에 앉자마자 쉉쉉~~~. 가위질이 빠르고 정확합니다. 자신감 있는 장인의 손놀림입니다. 팔에 문신을 한 원장님은 말을 시작합니다. 스페인으로 한 달간 신혼여행을 다녀와서 결혼식을 하고 오픈기념식을 한다고요. 헤어디자이너인 부인과 함께 헤어숍을 운영할 거라고요. 손 떨릴 때까지 함께 할 수 있는 직업이라서 만족한다고요.

듣고 있던 남편이 "언어소통이 힘든 낯선 곳을 신혼여행으로 그렇게 길게 여행하다보면, 신경이 날카롭기 때문에 다툴 수도 있습니다."라고 한 마디 합니다. 원장님은 결혼, 신혼여행만 생각했지 아직, 그것까지는 생각해보지 못했답니다.

원장님의 나이는 영국 유학할 때의 남편 나이와 비슷해 보입니다. 꿈에 부푼 모습도 남편의 과거 모습을 닮았습니다. 남편은 꿈에 부푼 원장님에게 조용하게 말합니다. "영국에서 처음으로 이발소에 갔어요. 바리깡을 사용하던 이발소 직원은 무슨 말을 계속했어요. 제가 알아들을 수 있는 말은 '넘버 투' 뿐이었습니다. 눈치를 보아하니 옆에서 머리를 손질하는 사람도 '넘버 투'라고 말했어요. 머리 스타일이 깔끔하게 보였습니다. 그냥 저도 '넘버 투'라고 말했습니다. 손질이 끝나고 보니 직원은 제 머리를 스님처럼 빡빡 밀어놓았더라고요. 지인들이 물어보면 열심히 공부하려고 짧게 잘랐다고 말했습니다. 사실은 말을 잘못 알아들어서 그런 스타일이 나왔지만요."

곁에서 듣고 있던 저는 뜨끔했습니다. 생생하게 그 날이 떠올랐습니다. 머리를 짧게 밀고 온 남편은 이제부터 머리 손질을 제게 부탁

한다고 했습니다. 헤어숍에서 기다리는 시간도 아깝고 비용도 절약하고 싶다고요. 그날 바리깡을 사들고 왔습니다.

겁이 났습니다. 어린 시절 아버지를 따라 동네 이발소를 다녔습니다. 초등학교 때는 명절 때마다 이발소에서 상고머리를 하였습니다. 단발머리를 하고 다니던 중학교 때는 마당이 미용실이었습니다. 보자기를 두르고 의자에 앉아 있으면 엄마나 언니가 잘 드는 가위로 머리카락을 싹둑싹둑 잘라주었습니다. 특별한 때만 엄마를 따라 버스를 타고 미용실에 갔습니다.

그때의 기억을 살려서 남편과 아들의 머리손질을 했습니다. 남편은 제가 손질했지만 아들은 남편이 손질해 주었습니다. 어쩔 땐 엉뚱하게 잘린 머리카락으로 속상하고 귀찮기도 했지만, 가족이 서로 감격해하는 날이었습니다. 절약한 돈으로 그날은 맛있는 것을 사먹었습니다.

헤어 컷 값이 비싼 영국이나 미국에서 살았던 6년 동안, 저의 솜씨도 눈에 띄게 좋아졌습니다. 두 남자의 머리를 한 달에 한 번씩 잘랐으니 웬만한 손놀림은 저도 할 수 있습니다. 머리손질이 끝난 뒤, 예술 작품을 감상하는 즐거움은 신선했습니다.

'넘버 투' 사건은 남편에게는 영어가 안 들려서 당한 창피함과 당혹감이었습니다. 집에서 제게 머리손질을 맡기는 계기가 되었습니다. '넘버 투'는 신혼여행을 앞두고 부푼 꿈에 들뜬 젊은 헤어숍 원장님에게 들려주고 싶은 이야기였습니다.

하지만 언어장벽으로 인해서 원치 않는 일이 일어날 수도 있다는 남편의 이야기. "Speaking in English!"라며 집에서도 영어를 사용하자던 남편의 감추고 싶었던 민낯이었습니다. 이제는 숨기지 않고 즐겁게 말할 수 있는 남편의 되살아난 추억이었습니다.

1. 사랑의 기억

## 둘째언니에게 배우는 길

둘째언니와 저는 열 살 차이가 납니다. 형제가 많은 저는 언니들의 나이를 다 기억하지 못합니다. 둘째언니의 나이를 생각하며 위·아래 언니들의 나이를 기억합니다. 둘째언니가 이제 환갑이라니 십년 뒤, 저의 모습입니다. 두 아들은 결혼하여 다섯 명의 손자손녀를 두었습니다.

맡은 어떤 일도 척척 잘 해내어서 엄마가 가장 인정하는 딸입니다. 친정 가까이에 살면서 부모님과 동생들 뒷바라지를 헌신적으로 했습니다. 시어머니의 오랜 병환을 감내하여 효부상도 여기저기서 받았습니다. 삶의 귀감이 될 정도로 부지런합니다.

둘째언니의 집에서 고등학교를 다녔습니다. 그때 밥을 떠먹여주었던 조카가 이제 언니의 환갑 가족모임을 주관합니다. 이상한 기분이 듭니다. 제가 기억하는 세계와 현실세계가 왔다 갔다 합니다. 참석한 엄마, 오빠, 가족은 모두 즐거워 보입니다.

둘째언니의 여섯 살 손녀는 '올챙이와 개구리 송'을 부릅니다. 할머니와 이모할머니들은 '뒷다리가 쏙~~~ 앞다리가 쏙~~~'이라면서 춤추고 노래합니다. 자신을 따라 노래하고 율동하는 여섯 할머니들을 보고 놀란 여섯 살 소녀. 그날의 하이라이트였습니다.

시원함이여
종에서 떠나가는
종소리
– 부손 –

자녀를 다 키우고 손자·손녀를 바라보는 언니는 모든 짐을 내려놓은 듯 편안해 보입니다. 행사를 치루고 언니들과 모여서 옛날 노래를 불렀습니다. 합창 단원이었던 언니들과 함께하니 음치인 저도 소리가 나옵니다. 다음날까지도 언니 집에서 엄마랑 도란도란 놀았습니다.

산길 넘는데
왠지 마음 끌리는
제비꽃
– 바쇼 –

언니 둘이 새벽에 나가서 전북대학교 근처의 덕진공원과 옛날에 살았던 자취집을 돌아봅니다. 과거를 회상하며 클로버 꽃을 따왔습니다. 꽃시계와 꽃반지를 만들었습니다. 함께 손을 잡고 누구 손이 더 예쁜가 살펴봅니다. 나이순으로 구별되는 손입니다. 살아온 이력이 주름 속에 새겨져 있습니다. 소파에 앉아서 멀거머니 바라보던 엄마도 수줍게 웃습니다. '손들이 참 이쁘다.'라며 머리를 쓸어올리십니다. 아버지를 그리워하는 눈빛입니다.

멀리서 온 언니들에게 저자 싸인 받은 책, 퀼트로 만든 열쇠지갑, 손뜨개질을 한 드레스수세미를 선물했습니다. 둘째 언니는 떡이랑 잔잔하게 꽃무늬가 새겨진 이불 한 채씩을 선물로 줍니다. 몇 달 전부터 멀리서 오는 동생들에게 무엇을 선물로 줄까 물어보던 둘째언니였습니다. 보고 있던 엄마는 "너는 내 맘에 꼭 들게 한다. 이래야 하는데... 이제는 내가 힘이 없어서 그럴 여력이 없다."라며 미안해 합니다. 십년 뒤에 저도 이렇게 할 수 있을까 생각해 봅니다.

엄마는 둘째언니에게 말했답니다. "일 그만해라. 이쁘게 하고 퇴직한 너그 신랑 심심치 않게 놀러 다녀라." 친정에 가서 조금만 있어도 너그 신랑 심심하다면서 빨리 가라고 했답니다. 살아온 60이 이렇게 빠르다고 말합니다. 일 년 뒤면 언니는 하던 일을 그만 둡니다. 아이들을 더 잘 키웠으면 하는 욕심도 있었지만 기준을 조금 낮추니

만족한답니다. 행복의 관점을 어디에 두느냐에 따라서 행복의 만족감이 달라졌답니다. 지금 죽어도 여한이 없답니다.

“갑자기 60이라는 나이가 눈앞에 딱 왔다. 100세 시대라는데 앞으로 40년을 어찌 살아야 할지 걱정 된다. 그 많은 시간을 어찌 보내야 하니?” 저는 알고 있던 모든 것을 동원하여, 노트에 이것저것을 쓰고 보여주면서 언니에게 고했습니다. 많은 시간을 함께 해줄 친구, 취미생활, 봉사활동 등등……

언니의 얼굴이 환해집니다. 이미 모든 것을 알고 준비한 언니입니다. 어린 제게 좀 더 나은 묘안을 묻고 배우는 언니는 희망이 있습니다. 새로움을 찾아가는 젊음이 있습니다. ‘묻고 찾아 배우는 길’은 제가 앞으로 따라가야 할 길입니다.

1. 사랑의 기억

## 영양가는 길

유학 중 남편을 만났습니다. 비자 만료로 먼저 귀국한 저는 혼자서 시댁을 방문하였습니다. 수학여행이나 졸업여행 외에는 경상도에 가본 적이 없었습니다. 남편의 고향인 영양을 혼자 간다는 것은 외국을 가는 것만큼 모험적이었습니다.

전주에서 대구, 대구에서 안동, 안동에서 영양으로 가는 버스를 탔습니다. 영양가는 도중에 입암이라는 곳에 내렸습니다. 아무리 기다려도 금학동 가는 버스가 오질 않습니다. 물어보니 하루에 버스가 1대 밖에 들어가지 않는답니다. 택시를 탔습니다. 첩첩산중, 산 꼬리를 물면서 비포장 길을 따라 들어갑니다.

시댁은 육지의 섬이라고 불리는 영양의 금학동입니다. 고추로 유명한 산촌입니다. 특히 시댁이 있는 금학동은 버스의 종점입니다. 청학동보다 더 깊게 느껴집니다. 금학동에 도착하니 밖은 어둑어둑 산 그림자가 내려옵니다. 예비 시부모님은 환하게 웃으시면서 동네 밖에 나와 계십니다. 택시가 불을 밝히고 들어오는 것을 보고 마중 나왔답니다.

산촌의 밤은 깜깜했습니다. 영양가는 길은 하루 종일이었습니다. 밤새 이런저런 이야기를 들었습니다. 동화 속에 들어온 것 같습니다. 분명하고 이성적인 저희 부모님과는 정 반대의 정서입니다. 다음날 인사를 드리고 전주로 오려하자 시아버님은 투박한 손으로 봉투를 쥐어주십니다. 두툼합니다. 영양을 힘들게 찾아갔지만 따스한 정을 듬뿍 먹고 돌아왔습니다.

두 번째의 영양 방문은 남편과 함께 갔습니다. 영양가는 행선지를 기억하거나 차 시간표를 걱정하지 않아도 되었습니다. 주변 풍경을 감상하면서 갔습니다. 멀어도 멀지 않았습니다. 영양에 있는 동안 남편이 아파서 안동병원에 갔습니다. 어떤 병인지 모른다면서 간호사는 격리시키려고 합니다. 여러 상황을 자세히 듣던 의사는 열대병과 영양실조랍니다. 영양에서는 병원과 약국을 가기 위해 여러 번 차를 갈아타야 했습니다. 두 번째 영양 행은 불편함과 답답함이었습니다.

결혼하고, 임신하고, 아이를 데리고 영양 집으로 가는 길은 참으로 멀었습니다. 시어머님의 생신을 차려드리려고 시누이와 형님, 어린 조카들이랑 바리바리 사들고 갔습니다. 타고 가던 버스가 고장 났습니다. 한참 차를 고치던 운전수는 더 이상 갈 수 없답니다. 내려서 걸어가랍니다. 생각지도 못한 일입니다. 저는 새댁이라고 아주 조금만 들고 걸었습니다. 남편은 누님과 동생의 짐을 거들면서, 끙끙거리면서, 미안해하면서 걷습니다.

제가 초등학교 다닐 때 눈이 많이 와서 버스가 미끄러진 적이 있었습니다. 그때 부모님은 무거운 짐을 메고 폭폭 빠지는 눈길을 뒤뚱거리면서 걸었습니다. 저는 부모님의 발자국을 따라 깡충거리면서 뛰었습니다. 그 길은 지금도 즐거운 추억의 길입니다. 하지만 20년이 흐른 뒤에 차가 멈췄습니다. 왜 영양을 육지의 섬이라고 하는지, 왜 강원남도라고 부르는지 알 것 같았습니다. 그 일이 있고 난 후부터 영양가는 길은 막연한 두려움과 짜증의 길이였습니다.

나이가 드니 이제 여유가 생겼습니다. 영양가는 길은 오지의 아름다움과 산세를 느끼는 시간이 되었습니다. 이번 추석에는 며칠 동안 이것저것 시장을 봐서 음식을 챙겼습니다. 모처럼 담은 김치도 맛있게 되었습니다. 시부모님과 시댁 식구들은 전주 맛이라면서, 양반동네 맛이라면서, 맛있게 먹습니다. 조금만 해가도 항상 고맙다는 분들을 보면 미안합니다.

돌아오기 위해 차를 타러 가는 순간까지도, 굽어진 허리로 호박잎 새순 하나라도 더 따서 넘겨주려는 어머님. 숨을 헉헉거리면서도, 고불고불 걸으면서도, 말린 고추 한 포대와 참기름 한 병, 볶은 참깨 한 봉지, 노란 호박과 마늘 두 접을 챙겨 놓았습니다. 시댁 가는 길은 불편하지만 언제나 부모님의 정성에 흠뻑 젖어옵니다. 영양가는 길은 저도 모르는 사이 평온함을 담아오는 길이 되었습니다.

1. 사랑의 기억

## 들어주는 한 사람

미국에서 태어나 한국에 돌아 온 한 아이를 만났습니다. 귀국 후 적응에 힘이 들었다고 합니다. "미국사람들은 나를 좋아하는데 한국사람들은 인사를 해도 저를 보고 웃지도 않았어요. 저를 싫어하는 것 같아요."라고 말합니다.

저는 외국에 갔다가 귀국한 아이의 어려움을 생각해보았습니다. 또한 외국생활과 잦은 이사로 고통을 감내했을 아들의 적응과정을 돌아 볼 수 있었습니다. 사는데 바빠서 무심하게 지나쳐버린 어린 아들의 과거를 차분하게 돌아보았습니다.

귀국 후 아들은 유치원에 갔다 와서 "엄마, 아이들이 내가 영국 말 쓴다고 나하고 안 논대!"라고 말했습니다. 아들은 1년 동안 시골 영양에서 자랐기에 개구리도 잡고 강아지도 키우면서 살았습니다. 다행히도 친구들과 큰 문제없이 생활했습니다. 하지만 아이의 학업 앞에서 저는 욕심을 내었습니다. 아이가 적응하는 과정에서 받았을 그 고통에 다가서지 못한 엄마였습니다.

아들은 사춘기 때에 컴퓨터에 빠졌습니다. 그것은 아들과 저의 벽이었습니다. 아들에게 마음을 써주지 못한 것 때문에 일주일 내내 무거운 마음을 갖고 있었습니다. TV에서는 영국의 브렉시트로 세계의 경제전망은 어둡다고 합니다. 뉴스는 눅눅한 장마의 기운을 타고 영국의 칙칙한 거리를 맴돌다가 저의 아들에 대한 아쉬움으로 고입니다.

타인과의 대화 중에서 우리는 잊고 지낸 기억 또는 감추어진 내면을 볼 수 있습니다. 한 아이와의 대화는 깊은 울림이었습니다. 짧은 만남의 대화였지만 어린 제 아들을 돌아볼 기회였습니다.

아들에게 전화하여 "어린 네가 당했을 고통을 엄마는 바빠서 돌아보지 못해 미안하다."고 말했습니다. 아들은 "엄마가 비슷한 경험의 아이들과 함께 지낼 수 있도록 해줬잖아. 지금도 그 아이들과 잘 지내고 있어. 나는 지금 행복해"라며 오히려 절 위로해줍니다. 방학 중 아르바이트를 찾아보고 있다면서 한걸음씩 자신의 삶을 살아가고 있습니다.

소식이 끊어졌던 대학 동창이 28년 만에 나타났습니다. 반갑습니다. 친구는 지구별 어느 곳에서 열심히 살고 있었습니다. 자근자근 지나온 세월을 말해줍니다. 심리학을 공부했고, 지금은 영성에 관심이 생겨서 그쪽 공부를 하고 있다고요.

젊은 시절에 가졌던 사고와 가치는 현재의 삶을 지배합니다. 친구를 돌아보니 그렇습니다. 현실 생활에 충실했던 친구는 지금도 그렇게 살고 있습니다. 가치와 이상을 찾아가던 친구는 지금도 그렇게 생활합니다. 사랑과 낭만을 쫓았던 친구는 지금도 그러한 삶에 집중하고 있습니다.

친구와의 대화 속에서, 그때의 순수한 감정과 미래에 대한 막연한 두려움도 생각났습니다. 묵직한 한 주였습니다. 한 아이와 조용히 나눈 대화 속에서 슬픔을 보았고, 어려움을 극복해낸 과정을 읽었습니다. 아들과 함께 성장하는 저의 모습도 보았습니다.

막막하던 때를 버티어 내고 이겨낼 수 있었던 힘은 한 사람과의 진지한 대화였습니다. 모든 것을 드러내도록 그때그때마다 지켜봐 준 한 사람. 온갖 투정을 받아준 한 사람의 지인이 고비마다 있었습니다. 그들은 어려움을 극복할 수 있도록 도와준 성장 동력, 힘의 원천이었습니다.

세상은 여전히 어두운 뉴스로 아침을 엽니다. 심란하고 무겁습니다. 어려움에 처한 정치와 사회, 답답한 경제 환경은 우리 자녀들이 감당해야 할 세계입니다. 여기저기에서 하향곡선의 미래경제를 예측합니다.

하지만 걱정만 할 일은 아닙니다. 그들에게도 서로를 지켜봐 주고 함께 할 '그들만의 한 사람'이 있을 것입니다. 지금 누군가 함께 지켜봐 주고, 함께 들어주는 한 사람이 있다면, 어떤 어려움도 차근차근 극복해 낼 수 있습니다. 어린아이가 그랬듯이, 우리 아들이 그랬듯이, 제가 그랬듯이요. 지금, 가까이에서 '들어주는 한 사람'은 그래서 더 소중합니다.

1. 사랑의 기억

## 선한 인연, 아픈 인연

한 친구가 자신의 속내를 보여주며 인복이 없다고 말합니다. 자신은 열심히 남에게 해주었는데 남는 사람이 없다고요. 그 말을 들으면서 제게 다가온 인연을 생각해 보았습니다. 선한 인연과 아픈 인연.

선한 인연은 중학교 담임선생님이었습니다. 선생님은 아이들의 생일에 작은 선물과 메모를 주었습니다. 제게는 밑줄이 그어진 신약성서를 선물해주었습니다. 시골인지라 서점이 없어서 새 책을 살 수가 없었답니다. 30년이 훌쩍 넘었지만 그 책을 지금도 꺼내 읽습니다. 선생님은 매일 아침 칠판에 시 한편씩을 써 놓았습니다. 가끔 웃기는 시를 읽고는 친구와 함께 까르르 까르르 웃던 기억이 납니다.

교실 벽에는 모네의 〈파라솔을 쓴 여인〉, 에드가 드가의 〈스타〉를 걸어주었습니다. 아직도 시나 그림을 좋아하는 이유는 그분의 영향이 컸기 때문입니다. 저는 선생님과 집안 이야기나 진로에 대한 이야기를 하였습니다. 선생님은 비밀을 지켜주었고, 선생님을 통해서 타인에 대한 신뢰를 배울 수 있었습니다. 저는 아끼는 책 중에서 좋은 책은 밑줄이 그어졌더라도 지인에게 선물합니다. 그 습관은 선생님에게 받았던 성서 덕분입니다.

아픈 인연으로 다가온 선생님은 고등학교 1학년 때의 음악선생님이었습니다. 그 분은 한 줄로 아이들을 세우더니 지휘봉으로 배를 꼭꼭 누르면서 음악시험을 대체한다고 노래를 시켰습니다. 긴장한 저는 노래가 나오지 않았고, 선생님의 질책을 잔뜩 받았습니다. 그 후로 공개적인 곳에서 말을 하면 얼굴이 벌게졌습니다. 노래는 할 수도 없었습니다.

언니들은 노래를 잘 불렀지만 유독 저만 미 이상은 올라가지 않았습니다. 종교생활을 하면서도 성가 부르는 시간은 땀을 뻘뻘 흘렸습니다. 편치 않는 굴욕스러운 시간이었습니다. 시간이 흘렀지만 노래는 여전히 제 마음의 짐이었습니다. 시간적인 여유가 있던 외국에서 1년 동안 합창단에 들었습니다. 목소리의 고수 앞에서 더 졸아들었습니다. 드레스도 맞추고 10센티의 구두도 사고 공연에 나섰지만 여전히 목소리가 나오지 않아서 입만 뻐끔뻐끔 거렸습니다.

전주로 이사 와서 합창단 모집 광고를 보았습니다. 두 달을 고민하였습니다. 저와 같은 음치는 들어가기가 부담스럽습니다. 지인의 격려로 혼자 가서 합창단에 가입하였습니다. 지휘자님은 모든 사람은 테스트를 거쳐야 한다고 해서 처음으로 '아아아아 아를~~~~' 거치고 홍당무가 되었습니다. 치부를 드러내니 오히려 마음은 가벼워졌습니다.

갑자기 지휘자님이 앞으로 불러내어 소감을 말하라고 합니다. "마지막으로 남은 저의 트라우마를 극복하고 싶어서 합창단에 가입했습니다." 다들 격려해주었습니다. 트라우마를 극복하기 위해서는 저의 노력이 필요합니다. 항상 일이 먼저인 제게 매주 시간을 낸다는 것은 도전적인 일입니다.

어린 시절의 트라우마를 찾아서 직면하기까지, 그리고 그것을 극복하기 위해서는 많은 시간과 공력이 듭니다. 어린 시절에 만났던 인연은 삶을 살아가는데 중요한 역할을 합니다. 한 사람의 영향력은 타인의 삶 속에 들어가 그를 어떤 식으로든지 움직입니다.

누군가는 평생을 걸쳐서 선한 영향을 줍니다. 삶을 풍요롭게 만들고 가꿀 수 있는 바탕이 되어줍니다. 누군가는 평생을 걸쳐서 악한 영향을 줄 수 있습니다. 삶 속에서 그것을 극복하기까지 몇 십 년의 고통을 감내해야만 합니다.

우리는 누군가의 선한 인연이 될 수도 있고, 아픈 인연이 될 수도 있습니다. 우리의 작은 행동 하나는 한 사람의 인생에 많은 영향을 끼칩니다.

두 선생님을 돌아보니 가급적 몸을 낮추고 선한 일을 하도록 노력해야 함을 배웁니다. 폭폭 찌는 이 한여름, 나의 친구님은 어떤 인연을 만나고 계시나요? 어떤 인연으로 주위 분에게 다가서는지요?

1. 사랑의 기억

## 다가온 이웃

올 초부터 눈을 뜨고 있는 자체가 부담스러웠습니다. 하던 일을 줄였습니다. 시집을 필사하고 단편과 그림책을 읽었습니다. 귀를 사용하여 유튜브 강의를 들었습니다. 외부로 향하던 저의 마음을 내면으로 돌렸습니다. 눈이 아플 때 이웃의 도움을 받았습니다. 차를 태워준 분도, 차분하게 저의 고통을 들어준 분도 있었습니다. 약을 사준 분, 눈에 좋은 사이트를 알려준 분, 손 지압봉을 사준 분도 있었습니다.

누구든지 노력하면 어느 정도까지는 이룰 수 있다는 생각에 빠져 있던 저는 노력해도 되지 않는 것이 있다는 것을 배웠습니다. 현재 가지고 있는 것들에 대해서 감사하게 되었습니다. 그때 편안하게 읽을 수 있는 그림책을 찾았습니다. 아주 짧은 이야기지만 지금까지의 모든 삶이 녹아들어 마음 깊이 느낄 수 있었습니다.

아파트 도서관에서 수업을 해달라고 요청이 왔습니다. 눈이 아파서 처음엔 보류했으나, 집에서 가깝고 준비해 놓은 자료들이 많아서 '호호샘과 함께하는 독서놀이'로 수업을 시작했습니다. 아이들과 함께하는 일은 재미있습니다. 며칠 동안 눈을 감고 어떻게 수업을 할까 고민하였습니다.

온 마음으로 수업을 준비했습니다. 대학원 독서학과를 졸업한 뒤, 제가 하는 유일한 수업이었기 때문입니다. 눈을 편안하게 뜨기 위해서 수업 전에는 몇 시간씩 눈을 감고 있었습니다. 작은 한 가지가 이렇게 힘이 들다니…… 지금까지 편안하게 눈을 뜨고 있었다는 사실에 감사했습니다.

지켜보던 언니는 눈이 아픈 제가 컴퓨터를 못할까 봐서 자료도 만들어 보내주었습니다. 그림책을 읽고 느낀 점을 쓴 글도 보내주었습니다. 가장 필요한 선물이었습니다. 울었습니다. 모든 수업은 제가 철저하게 준비하지만 마음이 따뜻해졌습니다. 언니는 뜨거운 여름날에 여러 서점을 돌아다니면서 자신이 좋아한 그림책을 사서 두 박스나 보내주었습니다.

언니가 보내준 톨스토이의 단편 〈구두장이 마틴〉을 읽었습니다. 구두장이 마틴은 지하 방에서 구두를 수선했습니다. 그가 볼 수 있는 것은 지나다니는 사람들의 발이었습니다. 그는 신발만 보고도 누구인지 알았습니다. 그가 고쳐주는 신발을 사람들이 신고 다니기 때문입니다.

그는 자신의 일을 성실하게 하였습니다. 일이 다 끝나면 성서를 읽었습니다. 성서를 읽을 때면 마음이 따뜻해지는 경험을 했습니다.

그는 “예수님이 찾아오시면 잘 대접할 수 있을까?”라는 고민을 하였습니다. 그는 자신의 일에 열중하였고, 가끔씩 창밖에서 일어나는 일에 관심을 가졌습니다.

추위에 떨며 지나가는 사람이 있으면 집으로 맞이하여 차를 주었습니다. 추운 바람을 피해 오들오들 떨고 있는 아이와 엄마에게도 따뜻한 차와 담요를 주었습니다. 우유를 사 주라고 돈도 주었습니다. 사과를 훔쳐서 할머니에게 맞고 있는 소년을 두둔하고 화해도 시켜 주었습니다.

구두장이 마틴은 꿈속에서라도 하느님을 만나고 싶었습니다. 성서를 읽고 있을 때 인기척이 나타나더니 누군가가 다가와 말합니다. 그가 삶 속에서 만났던 이웃들이, 바로 그가 그토록 만나고 싶어 했던 예수님이라고요.

톨스토이는 ‘예수님은 가까운 이웃 속에 있다’라는 말을 하고 있습니다. 지난해 아파트의 한 분은 상추를 한 박스 뜯어서 1층 엘리베이터 앞에 두고 갔습니다. 가져가고 싶은 분은 마음껏 가져가라는 메모와 함께요.

그때 마음이 따뜻해지는 경험을 했습니다. 차 사고가 났을 때 잠시지만 이것저것 물어보시고 더 도울 것이 없냐고 묻는 이웃에게서도 따스함을 느꼈습니다. 언니가 보내준 그림책 한 권을 읽고 마음이 따뜻해졌습니다.

일상의 삶속에서 가까운 이웃에게 선의를 베푸는 것이 가장 큰 일임을 배웁니다. 이웃의 모습으로 다가오신 하느님을 다시 만납니다. 남은 삶을 어떻게 살아가야 하는지를 다잡게 됩니다.

# 2

# 한 사람

우리의 인생은

만남으로 빛어가는

하나의 작품이다.

– 박노해 –

# 한 사람

밤새 내린 폭설은 어찌 되었을까 궁금합니다. 어제는 온통 흰 눈이 덮고 있는 평야였습니다. 밖이 너무 밝아서 이른 새벽에 전깃불이 켜져 있나 확인하러 나갔습니다. 전깃불은 꺼져 있는데 밖을 내다보니 하늘에 떠 있는 달이 휘영청 밝습니다. 은은한 달빛 아래 쌓인 눈도 곱습니다.

아침밥을 먹는데 딸은 예감이 안 좋다고 오늘은 운전하지 말라 합니다. "방학 중이니 함께 놀자."고 합니다. 하지만 즐거운 수업이라서 일찍부터 준비하고 기쁜 마음으로 출발했습니다. 눈이 많이 온 뒤라서 미끄럽습니다. "이크~~!" 차가 미끄러져 옆 차에 흠집을 냈습니다.

일하러 가야 하는데 맘이 급해집니다. 당황해서 어찌할 바를 모르는데 평소에 안면만 있던 아파트 주민이 찾아와서 뭐 도와줄 것이 없느냐고 묻습니다. 아저씨는 보험회사에 전화하고, 차주에게 전화하라고 합니다. '전화번호도 모르는데'라면서 고민하는데, 흠집을 낸 차 안과 밖을 살펴보더니 전화번호도 찾아줍니다. 더 도와줄 것이 없느냐고 묻습니다. 엘리베이터에서 만나면 인사만 나눈 사이인데도 참 친절합니다.

눈이 많이 온 날이라서 사고접수 전화도 계속 통화중입니다. 한 시간이나 추위에 떨면서 보험회사 직원을 차 밖에서 기다렸습니다. 딸에게 전화를 했습니다. 옷 좀 가져오라고. 보험회사 직원을 기다리는 중에 남편이 먼저 왔습니다. 상태를 보고는 궁시렁 댑니다. 두 달 전 한 아줌마가 슬리퍼를 신고 운전 부주의로 우리 차를 들이박아서 불편을 겪었는데, 똑같이 '부주의 운전'을 했다고요.

이런 저런 생각을 하면서 초조하게 기다렸습니다. 보험회사 직원과 차주를 만났습니다. 몇 가지를 해결하고 집으로 들어왔습니다. 새옹지마라고 생각하면서 신년의 액땜이라고 생각하니 맘이 담담해집니다. 집으로 들어오는데 딸이 가방을 메고 나옵니다. "엄마! 엄마한테 가려고 준비했는데…"라며 눈물을 글썽입니다. 딸의 가방 속에는 코코아가 담긴 보온병, 털목도리, 패딩 조끼 그리고 『마음을 비우면 세상이 보인다』는 달라이 라마의 책이 들어 있습니다.

왜 책까지 챙겼느냐고 물으니, 엄마 맘이 편해지라고 잠시라도 책을 읽으라고 골랐답니다. 거실 책도 자기 책도 아닌 서재에서 고른 책입니다. 사고가 나서 마음이 착잡하고 복잡했는데 딸의 챙김과 마음 씀씀이에 저도 눈물이 핑 돌았습니다. 참 고마웠습니다. 사고를 통해서 미처 몰랐던 또 다른 세계를 만난 것이지요.

"어떤 시기에든 자기를 사랑해 주는 사람을 만나지 못한 사람이 있다면, 몹시 슬픈 일이다. 하지만 그 사람이 무조건적인 사랑을 -단순한 인정과 공감이라도- 보여줄 사람을 단 한 명이라도 만난다면, 자기가 누군가의 애정과 사랑의 대상임을 안다면, 그것은 큰 영향력을 발휘하게 된다."

- 『마음을 비우면 세상이 보인다』, 달라이 라마 -

마음이 울컥합니다. 예상하지 못한 차 사고로 복잡하던 마음에 작은 평화가 피어납니다. 주눅 든 마음도, 얼어버린 몸도 딸 한사람으로 인해서 녹아내렸습니다. 무조건적인 사랑, 단순한 인정과 공감이 담긴 딸의 작은 가방. 딸의 가방 속에 든 따뜻한 코코아 한 잔을 마시면서 한사람의 소중함을 다시 느껴봅니다.

곤고함으로 힘들더라도 누군가가 진심으로 지지해주면 어려운 일도 쉽게 극복할 수 있습니다. 엄동설한에 우리는 누구의 한사람이 되어 세상을 따뜻하게 할 수 있을까요. 나는 누구의 한사람일까요?

2. 한 사람

## 얼음새꽃

'절문근사(切問近思)'는 어떤 사건이나 어떤 것을 멀리서 찾지 말고 가까이서 찾으라는 말입니다. 학문의 요령이랍니다. 절절히 묻고 그것을 가까이에 두고 생각하면서 현재의 상황과 연결시켜 사고하는 것, 배운 말씀이 떠나지 않도록 매일 공부하는 것, 생활에 적용되도록 그 말씀을 맴돌게 하는 것입니다.

지금까지 두려움 없이 궁금하면 어디에서나 누구에게든지 물었습니다. 호기심이 많기 때문입니다. 가까이에 좋은 지인이 많아서 도움을 쉽게 받고 평탄하게 가는 길을 배웠습니다. 스스로 생각하기보다 물어보면서 쉽게 살아왔습니다.

요즈음 눈을 감고 생각하는 시간을 자주 가졌습니다. 책은 쉼의 공간, 모든 것을 편안하게 해주는 휴식처인데 책을 읽지 못하는 것은 고통입니다. 갑자기 몰려드는 고요한 시간에 이런저런 생각을 하였습니다. 맴도는 생각은 '절문근사'였습니다. 일주일 내내 떠나지 않은 말씀입니다. 왜 이렇게 눈이 아픈 지 생각해보았습니다. 절실하게 묻고 언제나 답해줄 사람은 있는데, 숙고하는 시간을 갖으라고 몸이 아픈 것 같습니다.

올해 목표는 '읽고 싶은 책을 마음껏 읽기'입니다. 이것저것 생각나는 대로 끌리는 대로 읽고 싶었습니다. 독서목록을 정하고 구체적으로 목표를 세웠습니다. 이 모든 것은 눈으로 시작해서 눈으로 끝이 납니다. 촘촘히 세워놓은 계획들 앞에서 아무것도 할 수 없는 저 자신을 보았습니다.

'멈추어 자신을 돌아보라.'는 말이 들립니다. 취하고 얻기보다는 갖은 것을 내려놓으라는 말 같습니다. 눈의 감각이 예전과 같지 않으니, 다른 기관들이 깨어납니다. 귀에 집중하게 되고 촉감을 느끼며 미각을 음미하게 됩니다. 상상하게 됩니다.

멍하니 시간을 보낼 때, 지난 산행에서 본 복수초가 생각납니다. 이맘때 운이 좋으면 만나는 꽃입니다. 눈 속에서 피어나는 노란 설련화입니다. 얼음을 녹이며 얼음 사이로 피어난다고 얼음새꽃이랍니다. 복을 받고 오래 살라는 뜻이 담겨 복수초(福壽草)라고도 부릅니다. 등산하다가 이 꽃을 만나면 마음이 저절로 숙연해집니다.

눈과 얼음의 틈새를 뚫고

가장 먼저 밀어 올리는 생명의 경이

차디찬 계절의 끝을 온몸으로 지탱하는 가녀린 새순

그게 너였으면 좋겠다

아니 너다

－「얼음새꽃」 중에서, 곽효환 －

국립산림과학원의 한 연구자에 의하면 복수초는 씨앗이 새싹을 틔우고 꽃이 피기까지 6년이나 걸린답니다. 얼음새꽃 하나가 존재하는데도 6년이라는 혹독한 겨울을 버티어 내야 합니다.

한 개인의 변화도 이런 기간이 필요합니다. 겨울의 얼음을 이겨내야만 아름다운 꽃을 피워냅니다. 시련도 마주해야만, 견디고 버티어 내야만, 여기 저기 작은 들꽃을 피웁니다. 눈 아픔은 버티어 내야 할 저의 시련입니다. 친구님이 감당해야 하는 혹독한 추위는 무엇인지요. 봄이 되면 여기 저기 피워 내고픈 들꽃은 무엇인지요.

2. 한 사람

## 아지트가 되려면...

자신이 선택한 장소에서 자기만의 공간을 만들어 내는 것은 자유로운 인간의 소망입니다. 몽글몽글 갓 구운 빵이 나오는 베이커리, 가끔가다 쉴 수 있는 조용한 카페, 가벼운 안부도 묻고 예쁜 옷도 살 수 있는 옷가게, 아기자기한 문방구를 언제든 살 수 있는 곳, 신간을 뒤척일 수 있는 작은 서점 하나 있다면 금상첨화겠지요. 전북으로 이사 온지 1년이란 세월이 훌쩍 지났지만 아직 마음 둘 곳을 찾지 못했습니다.

얼마 전부터 자그마한 카페가 마음에 들어옵니다. 딸이 공부하는 동안 혼자 기다리고 있다가 오는 카페입니다. 그 카페에 있는 두 시간은 혼자 몰입하는 시간입니다. 목요일 저녁에는 남편과 함께 가고 일요일에는 혼자 갑니다. 목요일에는 키 큰 젊은 아가씨가 주문을 받습니다. 일요일에 나오는 분은 환한 웃음으로 주문을 받습니다. 항상 웃으면서 반기기에 오랫동안 다니던 카페같이 친숙합니다.

똑같은 '카페라떼'를 주문하더라도, 목요일과 일요일에 마시는 커피 맛은 다릅니다. 목요일에 마시는 커피는 보통 어디에서나 마시는 커피 향으로 달달합니다. 신기하게도 일요일에 마시는 커피는 독특한 향이 납니다. 누군가가 특별하게 제작해서 만들어주는 느낌입니다. 같은 커피라도 잔이 다르고 '카페라떼'에 그려진 그림모양도 다릅니다. 일요일에 그곳을 가면 집중도 잘되고, 아늑하여 참 편안합니다.

호기심이 발동하여 일요일에 나오는 카페의 직원과 조금씩 말을 하였습니다. 그녀는 결혼을 했고 어린 아이가 있답니다. 일요일에 일을 하고 있지만, 이렇게라도 일을 할 수 있어서 너무 좋다고 말합니다. 다름대로 미래를 계획하고 꿈꾸고 있었습니다. 수수하고 밝은 외모로 소탈하게 말하고 있지만, 울림이 있었습니다. 주말에는 남편이 아이를 돌보고 있고, 자신의 삶에 대해서 차곡차곡 구상하고 있었습니다. 성실하게 가정을 꾸려가는 모습은 사랑스럽고 존경스러웠습니다.

일요일에 일하는 직원과의 대화는 즐거웠습니다. 그녀는 카페에서 쓸 케이크를 자신이 직접 만든다면서 갈 때마다 예쁜 케이크를 맛보라고 주었습니다. 커피보다 비싼 케이크를 먹을 때마다 저도 뭔가를 선물하고 싶었습니다. 어느 날 갑자기 "오늘이 마지막이네요. 저 그만 둡니다."라는 말을 남기고 지난주부터 나오지 않았습니다.

갑자기 원치 않게 그만두게 된 것 같습니다. 그날따라 손님이 많아서 물어볼 수가 없었지만, '왜 그만두는 지를, 그만두고는 어디서 일을 할지?' 등을 물어보지 않았던 것이 아쉽습니다.

조간신문을 읽다보니, 갑자기 의도하지 않게 직업을 잃게 되어 살길이 막막하다는 기사입니다. 남편이 지금 실직한 상태라서 취업전선에 뛰어들어야 한다는 한 선배가 생각났습니다. 일요일에 일해도 일이 있어서 너무 행복하다던 카페의 직원도 머릿속에서 떠나질 않습니다. "철도역에서 쓰레기를 줍지만 나는 철도공무원이다. 8시간 일하고 4대 보험도 되어 이제는 자식들에게 부끄럽지 않다."라던 전철 속에서 만난 싱글벙글 아저씨도 생각납니다.

누구에게나 필요한 참 좋은 아지트도, 편안한 카페도, 안정된 일자리가 있어야 함을 깨닫습니다. 일요일에 일해도 너무 좋다던 그녀가 갑자기 그만 둔 그 카페, 이제는 어떤 커피 향이 날까요? 더 이상 편안한 아지트는 되지 못할 것입니다.

2. 한 사람

## 천국은 어떤 곳일까

지난해 12월, 논문을 끝내고 피로한 눈 때문에 몇 주 쉬고 있었습니다. 그런데 천정에서 글이 떠다녔습니다. 누워 있다가 벌떡 일어나 떠오르는 글을 노트북에 썼습니다. 살아오면서 다가왔던 이야기였습니다. 이틀 동안 단편을 쓰고 난 뒤에 탈이 났습니다. 글에 나오는 불의한 인물의 권위와 치기에 대한 분노였습니다.

눈의 피로감은 더해지고 스르르 감겼습니다. 눈꺼풀을 뜨기가 힘들었습니다. 지인들은 자신의 눈에 관련된 고통과 치유경험을 말해줍니다. 실명위기를 극복한 사례, 책을 쓰고 난 뒤에 아무것도 안보여 두 달 동안 꼼짝도 못했던 일 등등. 안과에서 정밀검사를 받고 한 달 반 동안 푹 쉬었습니다. 그래도 차도가 없었습니다.

유명하다는 안과를 전전하다가 서울에 있는 전문병원에 갔습니다. "약이 잘 듣지 않으니 혈액을 뽑아서 약을 만들어 써보자."라고 의사가 말합니다. 다행히도 극심한 안구건조증과 알레르기 증상이 같이 온 것이랍니다. 스르르 눈이 감기는 것은 당연한 결과라고 합니다. 우선 안구건조증을 치료하고 난 뒤에 다음 치료를 진행하자고 합니다. 정확한 원인을 알고 나니 마음은 가벼워집니다.

눈의 피로는 한 순간에 온 것이 아니었습니다. 8년 전부터 노안이 왔고 눈의 피로가 계속 찾아왔지만 자고 일어나면 괜찮아져서 무심하게 지냈습니다. 가끔 약도 먹었지만 안과에 가보지도 않았습니다.

49세에 대학원에 들어갔습니다. 읽고 싶은 책을 마음껏 읽고 알고 싶었던 분야를 시간에 쫓기지 않고 공부하였습니다. 원했던 것을 하니 시간가는 줄 몰랐습니다. 앉아서 책을 읽거나 컴퓨터와 휴대폰으로 SNS의 좋은 글을 읽었습니다.

글을 읽는 시간은 몰입하는 시간이었습니다. 글을 쓰기 위해서 밤을 지새우는 일이 잦아졌습니다. 눈에 무리가 왔지만 자고 일어나면 좋아졌기에 그냥 넘어갔습니다.

안질로 고생하던 옛 선인의 일, 시인이자 작가인 보르헤스가 실명하고 누군가에게 책을 읽어달라고 했던 일이 생각났지만 책을 즐겨 읽는 사람이 안고가야 할 그런 질병으로 알았습니다. 저의 안질환은 심해졌습니다.

세상에서 가장 귀한 것은 그것의 가치를 느낄 수 없을 정도로 흔한 것이랍니다. 아무런 고통 없이 자연스럽게 눈을 뜰 수 있다는 것이 이렇게 큰 축복인줄 몰랐습니다. 요즈음은 자주 눈을 감고 있습니다. 지인들과 꽃구경을 가서 찍은 사진을 보면 입은 웃고 있으나 눈은 감고 있습니다. 잘 보이지 않지만 더 많은 것을 깨닫는 시간입니다.

보르헤스는 아르헨티나의 국립도서관장으로서 80만권의 책을 관리했지만 시력을 상실하여 한 권의 책도 읽지 못했습니다. 그는 「축복의 시」에서 그의 심정을 이렇게 표현하고 있습니다.

누구도 눈물이나 비난쯤으로 깎아 내리지 말기를
책과 밤을 동시에 주신
신의 경이로운 아이러니
그 오묘함에 대한 나의 심경을
신은 빛을 잃은 이 눈을
책들의 도시의 주인으로 만들었네
꿈들의 도서관에서 새벽이 건네는
초점을 잃은 구절들밖에 읽을 수 없는 이 눈을
– 「축복의 시」, 류시화 옮김 –

보르헤스는 자신에게 주어진 시련은 다른 문을 열어가는 축복이라고 말합니다.

“천국이란 단어를 들으면 사람들은 정원을 생각하거나 궁전을 생각하겠지만 나는 항상 천국을 도서관과 같은 곳이라고 상상했다.”

–보르헤스 –

보르헤스가 생각한 천국은 도서관이었습니다. 벚꽃이 하롱하롱 매달리고 복숭아꽃, 배꽃, 유채꽃으로 꽃대궐을 이룬 산야를 바라봅니다. 보르헤스가 상상했던 천국을 짚어봅니다. 제가 상상하는 천국은 꽃대궐에 도서관이 있는 곳입니다. 꽃이 만발한 봄날입니다. 실명한 보르헤스가 상상하던 천국에서, 그가 꿈속에서나 읽을 수 있는 그런 책을 읽어보시는 것은 어떨까요.

2. 한 사람

## 꼼지락꼼지락, 꿈틀꿈틀

산책을 하는데 잔디밭 위에서 지렁이 한 마리가 지나갑니다. 예전 같으면 징그러워 피했을 겁니다. 땅에 구멍을 내고 공기가 통할 수 있도록 꼼지락거리는 지렁이를 살펴보았습니다. 지렁이는 느리지만 계속 꿈틀대고 있습니다. 그 움직임은 좋은 땅을 만드는 밑거름이 됩니다.

지인의 소개로 오연호 작가의 북콘서트에 다녀왔습니다. 전북중학교 학생과 선생님, 무지개작은도서관에서 활동하시는 분들이 와 계십니다. 학생들은 음악연주회를 하면서 분위기를 편안하게 이끕니다. 작가소개도 학생들이 직접 합니다. 학생들은 음향시설도 다룹니다. 모두 기쁜 마음으로 참여하고 있습니다.

오연호 작가는 "우리도 행복할 수 있을까"라는 주제로 강의를 시작합니다. 작가는 50세가 되었을 때, '나는 무엇을 위해... 우리는 무엇을 위해 사는가'라는 고민을 하였고, 덴마크를 여행하면서 행복한 삶의 비결을 찾았다고 합니다. 행복지수 1위라는 덴마크는 지역사회, 학교, 학부모가 좋은 사회를 함께 만들어 내고 있다면서 열정적인 강의를 합니다.

작가는 햇빛을 많이 볼 수 없는 덴마크, 햇빛도 잘 안 드는데 왜 덴마크 사람들은 행복할까 고민하는데 "해를 대신해서 옆 사람의 얼굴을 봅니다."라고 어느 덴마크 분이 말해주었답니다. 작가는 '날씨가 안 좋아도 옆 사람과의 관계가 좋으면 행복해진다'라는 사실을 깨달았답니다.

오연호 작가는 공동체의 중요성을 강조합니다. 전남 곡성에서 자랄 때 아무런 두려움 없이 동네어른들 밑에서 성장한 이야기를 합니다. 고등학교 때까지 지게를 지고 다니던 사진도 보여줍니다.

오연호 작가는 덴마크가 유엔의 행복지수 조사에서 2012년, 2013년, 그리고 2016년에도 1위였다고 말합니다. 작가는 행복한 덴마크의 비결을 6가지 키워드로 설명해 줍니다. 자유, 안정, 평등, 신뢰, 이웃, 환경이라고요. 새로운 길을 모색해 보고자 노력하는 작가의 열정적인 강의와 학생들과의 재미있는 문답은 경쾌하고 즐거웠습니다.

하지만 덴마크를 희망적으로만 말하는 작가의 말에 저는 동의할 수 없었습니다. 제가 보낸 4년의 유럽 생활은 만만치 않았습니다. 공부하면서 일하면서 만났던 친구와의 대화를 생각해 보면, 인종차별주의와 저변에 깔린 특권의식은 우리가 생각하는 것보다 더 깊었습니다.

또한 우리 사회에서 일어나는 여러 가지 사건. 부패, 군대의 의문사, 희망을 잃은 분들의 자살, 묻지 마 폭행 등등…… 우리가 만든 사회는 불안합니다. 작가의 말처럼 쉽게 바뀔 것 같지도 않습니다.

한 세대의 사고와 가치들은 3세대가 지나야 변한다고 사회학자들은 말합니다. 급속도록 변해버린 우리 사회가 쉽게 변할 수 있을까 의문이 들었습니다. 작가의 생각이 실현되기에는 험난한 것들이 기다리고 있습니다. 작가의 생각을 그대로 따르다가 또 다른 희생자가 생길 지도 모릅니다.

작가는 강의 도중 자연스럽게 학생에게 질문하고 답합니다. 작가의 질문에 스스럼없이 답하는 학생들을 보면서 많이많이 웃었습니다. 생동감 넘치는 아이들입니다. 북콘서트가 끝날 즈음 저의 생각도 조금씩 달라집니다.

보이지 않는 곳에서 꼼지락꼼지락, 꿈틀꿈틀거리는 움직임은 작은 충격으로 다가왔습니다. 보다 나은 세상을 위해서 조용하지만 끊임없이 움직이는 이런 모임은 바로 우리의 희망입니다. 이런 작은 희망이 모이면 분명 어떤 흐름이 될 수 있습니다.

행복해 보이는 아이의 표정에서는, 묵묵하게 자신의 소임을 감당하신 지역공동체 분들의 노고가 묻어나고 있었습니다. 꼼지락꼼지락, 꿈틀꿈틀거리는 아이들과 선생님들 그리고 지역공동체의 숨은 공로자들은 이렇게 좀 더 나은 세상을 만들고 있었습니다. 더운 여름밤의 북콘서트는 희망의 바람으로 제 가슴속에도 불어오고 있었습니다.

2. 한 사람

## 찔레꽃, It's free.

몇 년 전 역사학자 김준혁 교수와 저희 가족은 귀신사와 금산사 주변을 답사하였습니다. 역사학자의 설명을 들으면서 고향의 귀신사를 보니 느낌이 다릅니다. 귀신사는 의상대사가 창건하고 최치원이 공부하던 절입니다. 다른 절과는 달리 남근석과 여근석이 있습니다. 예전엔 금산사보다 더 큰 절로 백제왕궁의 태실이 있고, 백제왕실의 후사를 기원했다는 설도 있습니다.

김준혁 교수는 금산사 입구의 미륵불은 전국적으로도 유명한 곳이라면서 예를 갖춰 절을 합니다. 묘향산에서 내려온 기운이 모악산 자락에서 끝난다고 기를 공부하신 분에겐 이 지역이 중요한 가 봅니다. 답사 후 마을 속의 작은 귀신사는 특별하게 다가옵니다.

집에서 가까운 금구 명품길을 넘어 올라서면 사람 흔적하나 발견할 수 없는 시골길이 나옵니다. 선암마을 뒷산의 작은 길입니다. 아슬아슬한 고개를 넘어서면 귀신사의 뒷길로 통합니다. 가까스로 올라서는 자리는 시골의 적막함입니다.

풀들은 평화로운 빛을 발합니다. 온통 초록으로 뒤덮인 세상입니다. 하얀 옷을 입은 찔레꽃은 어린 시절로 끌어당깁니다. 집 뒤에 담장처럼 있던 찔레의 새순은 좋은 간식거리였습니다. 오동통한 새순의 목을 톡 잘라서 껍질을 쭉쭉 벗기고 잘근잘근 씹어 먹었습니다. 살살 침이 고입니다.

차에서 내려 찔레향기를 맡아 봅니다. 찔레꽃은 장미과라서 그런지 향기가 진하고 톡 쏩니다. 꽃이 무더기로 피어나서 그런가봅니다. 하얀 꽃잎에 노란수술을 단 것은 갓 피어난 꽃입니다. 갈색수술을 담고 있는 찔레꽃은 핀지 오래 되어 손끝만 닿아도 꽃잎이 바스르르 떨어집니다.

온 산을 뒤덮고 있는 향기는 혼자보기 아깝습니다. 집에 있는 딸이 생각나 밀짚모자에 찔레꽃 몇 송이를 따서 담았습니다. 가시 끝에 손이 닿아 빨간 피가 툭툭 떨어져도 좋습니다. 하얀 찔레꽃이 주는 이 모든 것은 공짜였습니다. 자연에게 거저 받는 선물입니다.

세상에서 가장 귀한 것은 가장 흔한 것이라고 합니다. 대부분 그냥 얻을 수 있는 공짜인 것입니다. 가장 흔한 물, 이제는 사먹게 되었습니다. 가장 흔한 공기, 이제는 미세먼지로 공기청정기를 사용해야 합니다. 가장 흔한, 무심히 지나쳐 버린 것을 이제는 대가를 지불하고 사용해야 합니다.

찔레꽃으로 뒤덮인 귀신사의 뒷산. 떨어지는 빛을 담은 고사리 잎들. 맑고 시원한 공기를 내품어 내는 작은 숲속 길. 우연히 마주한 기운이라 혼자 담고 있기에는 벅찹니다. 지인들에게 밀짚모자에 담긴 찔레꽃을 카톡으로 선물했습니다.

"찔레꽃이 하얀색이여요? 빨간색인줄 알았어요." "찔레꽃으로 그렇게 꽃꽂이를 했니?" "찔레꽃의 향기가 여기까지 난다." "제 머리속의 찔레꽃은 완전 다른 꽃이었네요." 모두들 찔레꽃 한 장의 사진으로 놀라움과 추억 속으로 빠져들었다고 말해줍니다. 공짜로 거저 얻을 수 있는 것은 누구에게나 필요합니다. 아주 가까이에 있지만 놓치기 쉬운 것이지요.

『문명, 그 길을 묻다』를 쓴 안희경 작가는 말했습니다. 작가이자 환경운동가이며 농부인 웬델 베리를 인터뷰하는 동안 그는 "이것은 공짜야. 그럼 돈이 안 들어요."라는 말을 자주 사용했다고 합니다. 석학이라는 분이 왜 그렇게 공짜라는 말을 사용하는지 의문이 들었다고 했습니다. 웬델 베리는 사람의 흔적을 찾기 힘든 농촌에 더 나은 희망이 있기를 바라는 마음에서, 돈을 적게 쓰고도 살아갈 수 있는 지혜를 알려주고자 그랬을 것입니다.

고요하지만 풍요로운 들녘입니다. 풍년초, 엉겅퀴, 쑥, 머위, 고사리, 곰취, 불미나리 등 마음만 먹으면 언제든지 걷어 들일 수 있는 먹거리입니다. 귀촌을 결심하고 준비하는 지금 "자연은 최저 임금만으로도 우릴 위해 일해주고 있다."라는 웬델 베리의 말이 넉넉하게 이해됩니다. 귀신사의 뒷산에서 공짜로 얻은 찔레꽃의 여운을 담아서요.

2. 한 사람

## 발길 따라 그냥 떠나는

여행을 하는 사람들은 일상의 탈출을 위해 미리 여행지를 찾고 계획합니다. 새롭게 어떤 것을 구상하기 위해서 아니면 쉼을 얻기 위해 떠납니다. 친구나 가족과의 정겨운 시간을 위해 떠나기도 합니다. 저의 여행의 시작은 초등 시절이었습니다. 부모님은 형제계가 있을 시 차를 대절해서 놀러 갔습니다. 상고머리를 한 저는 막내딸의 막내딸로서 부모님을 따라 나섰습니다.

어른들은 노래도 부르고, 서로서로 도란도란 이야기도 하다가 갑자기 큰소리로 의견대립도 하였습니다. 그러다가 형제들의 중재와 다독임으로 서로 화해하면서 다시 돈독해지는 것을 보았습니다. 울긋불긋 예쁜 보자기에 솜씨 좋게 싸온 맛있는 음식을 휴게소 근처 그늘 아래서 먹었습니다. 부모님과 함께 한 여행은 친척에게 용돈을 벌 수 있는 기회였고, 어른의 모습을 가까이에서 관찰할 수 있었습니다.

선생님이시던 아버지는 유능한 관광가이드 역할을 하였습니다. 함께하던 친척들은 고개를 끄덕이며 들었습니다. 아버지는 여행 후

관광 안내 책자를 꼭 사들고 집으로 돌아왔습니다. 칼라화보로 된 국내 관광 안내 책자와 김찬삼 교수의 세계여행기 전집은 아버지 서재에 있었습니다. 심심해서 뒹굴 거릴 때 가까이 두고 읽었습니다. 여행을 가지는 못했지만 언젠가는 그런 여행을 하고 싶었습니다.

김찬삼 교수는 "현지 여행을 위해서 기본적인 회화는 배워가라. 언어가 안 되면 최상의 의사소통 수단인 미소를 지으라. 현지에서 몸으로 직접 느낀 것을 카메라로 담으라. 검소한 여행을 하라."고 말합니다.

대학에 들어가자마자 행동으로 옮겼습니다. 사진동아리에 가입하고, 여행 동아리를 만들어서 매주 가까운 곳부터 시작하여서 국내 여행을 했습니다. 사진기는 언제든지 제 곁에 있었습니다.

결혼 후에는 가족과 함께 여행을 하였습니다. 여행 중 사진 찍기, 새로운 언어 배우기, 검소한 여행은 제 삶의 일부가 되었습니다. 우리 동네 사람, 우리나라 사람, 세계인을 알아가는 것은 책을 통해서 아는 것보다 더 즐겁고 흥미로웠습니다.

"독서는 앉아서 하는 여행, 여행은 걸어다니는 독서"라고 박찬운 교수는 말합니다. 자신을 성장시키고자 한다면 이 둘을 병행하라고 강조합니다. 저는 여행지에 가서 모든 것을 술술 이야기 해주시는 아버지와 '아는 만큼 보인다.'라는 명언 덕분에 여행지를 가기 전에는 그곳에 대한 것을 먼저 알고 가고 싶었습니다. 여행을 가기 전에는 인터넷이나 책으로 여행지에 대한 정보를 먼저 자세하게 읽고 갔습니다. 준비 없이 떠나면 안 된다는 강박관념이 있었습니다.

여행의 기회가 적었기에, 더 많이 알고 싶어서 그랬는지도 모릅니다. 여행은 새로운 것을 보는 기회였고 다양한 사람들의 생활을 훑어보고 마음의 벽이 느긋해지기도 하였습니다. 일상에서 떠나 흘러가는 풍경을 보면 저의 내면도 가장 가까이에서 볼 수 있었습니다. 잃어버린 목표를 다시 세울 수도 있었고, 막막하던 문제를 해결할 수도 있었습니다. 여행은 저를 찾아가는 길이었습니다.

하지만 요즈음은 아무런 목적도 의미도 찾지 않고, 그냥 흐르는 대로 가고 싶은 대로 가는 여행이 더 편하고 즐겁습니다. 우연하게 마주한 자연 앞에서 그냥 그 자체로 쉼을 얻고 고요한 마음을 얻습니다. 생각지도 못한 타인의 환대 앞에서 평안한 마음을 담아옵니다.

지난 일요일에는 세찬 빗속에서 잠시 고민하다가 집에서 한 시간 거리인 지리산으로 향했습니다. 앞이 하나도 안 보이는 운무 속에 갇힌 지리산.

거대한 산을 오르면서 느낀 기분은 그 자체로 하나의 스며듦이었습니다. 운무 따라 저의 생각도 흘렀습니다. 산속으로 퍼지는 저는 자유로웠습니다. 뭉클한 산의 느낌이 그대로 들어왔습니다. 계획이나 준비 없이 떠나는 여행도 울림이 컸습니다. 나의 친구님, 이번 여름에는 그냥 발길 닿는 대로 가장 가까운 곳이라도 떠나보면 어떨까요.

2. 한 사람

# 손님맞이

'손님 중에 하느님이 계시다.'라는 말은 신앙생활을 하면서 배웠습니다. '신은 바로 내 앞에 있는 사람이다.'라는 말은 책에서 자주 읽었습니다. 삶 속에서 어느 부분을 차지했던 지인이 찾아온다는 것은 큰 기쁨입니다. 이번 주는 두 분을 맞이했습니다.

한 분은 백제문화유적을 보고자 합니다. 어느 장소를 함께 한다는 것은 타인과 나와 만들어가는 특별한 이야기입니다. 금산사를 여행하면서 그 분만의 이야기를 들었습니다. 무심히 지나쳤던 단청의 아름다움에 반하고, 적멸보궁에 직접 들어가 기도하는 모습도 보았습니다. 왕궁리 백제유적을 돌아보면서는 '상상으로 밖에 느낄 수 없는 유적의 빈곤함'을 함께 생각해보았습니다.

글을 쓰는 분이라서, 왕궁리 백제유적에 대해 쓴다면 좋게 써달라고 부탁하였습니다. '아는 만큼 보인다.'고 지인은 여러 가지를 설명해 줍니다. 점심도 먹고 차도 마시고 저녁도 먹고요. 함께한 시간은 전주를 다시 배워가는 시간이었습니다. 지인은 땀을 흘리면서도 성심으로 유적을 돌아봅니다. 지인이 간 후에도 흡족했습니다.

하루 지나 또 다른 친구가 왔습니다. '유붕자원방래불역락호(有朋自遠方來不亦樂乎)' -벗이 멀리서 찾아주니 또한 즐겁지 아니한가- 영국에서 귀국할 때 공항까지 태워다 준 친구입니다. 가난한 유학시절을 함께 했기에 반갑고 즐겁습니다. 친구와 함께 했던 몇몇 장면이 생각납니다. 라즈베리를 정원에서 따서 쿠키를 만들고 차를 마셨습니다. 옆집 여자아이에게 잘 보이기 위해서 망토를 뒤집어쓰고 이층에서 뛰어내린 친구 아들 이야기도 생각났습니다.

전주의 향토 맛을 알려주고자 일부러 시골에 있는 음식점으로 향했습니다. 예전에 갔을 때는 반찬이 깔끔하고 깨끗했습니다. 이번에는 점심시간이 끝날 즈음에 가서 그런지 반찬도 성의 없게 놓여있고 음식도 떨어졌는지 상차림이 난감합니다. 참 씁쓸했습니다.

식사 후 친구는 금산사보다도 건지산에 있는 숲속 작은도서관을 가보고 싶다합니다. 저도 숲속 작은도서관이 인상적이어서 그곳으로 데리고 갔습니다. 매미소리 우렁찬 편편한 길을 따라서 숲속 작은 도서관에 도착했습니다. 자그마한 숲속도서관은 플래카드 세 개로 가려져 있습니다.

숲속 한 가운데 고요히 있어야 할 도서관이 아무렇게 걸린 플래카드로 고유의 풍경을 상실하고 있습니다. 국보와 보물이 있는 금산사를 제치고 가보고 싶은 곳이 숲속 작은도서관이라던 친구 앞에서 무안해졌습니다. 숲 경관을 둘러볼 사이도 없이 마음은 더 이상 고요하지 않았습니다. 다행이 도서관 안에서 바라본 숲속의 경관은 아늑하고 시원했습니다.

친구와 저는 잠시 책을 꺼내 읽었습니다. 친구는 나중에 다시 읽어보고 싶다고 책을 사진 찍어 보관합니다. 도서관 안에 계신 몇몇 분들은 "답답하니 플래카드를 제거해 달라는 민원을 넣어 달라."고 하십니다.

반가운 손님을 맞이하는 일은 즐겁습니다. 친구에게 전주의 좋은 면을, 전주의 음식 맛을 소개하고 싶었습니다. 하지만 모든 것이 뒤틀어졌습니다. 속이 상했습니다. 친구는 이해하겠지만 저는 민망하였습니다. 가고 난 후에도 계속 미안했습니다.

시간이 흐른 후 되짚어 보니, 친구는 '전주의 민낯'을 그대로 본 것입니다. 그 모습이 현재 제가 살고 있는 곳의 모습입니다. 부끄러울 것도 민망할 것도 없는 있는 그대로의 모습입니다. 앞으로는 이렇게 편하게 손님을 맞이해야겠습니다.

2\. 한 사람

## 쉬는 듯, 멈춘 듯

전주에 정착할 때 도움을 준 후배를 만났습니다. 후배는 많이 바쁜 사람입니다. 점심을 대접하고 싶어도 바빠서 일 년이 지난 후에나 만날 수 있었습니다. 바쁘다는 것은 좋은 일입니다. 후배의 말을 들어보니, 가정 일까지 하고 나면 보통 밤 2시 정도가 된다고 합니다. 혼자서 여러 가지 일을 척척 해내는 후배를 보면서 도와주지는 못하지만 맘으로 항상 지지했습니다.

후배는 농가 레스토랑으로 저를 부릅니다. 여러 번 그 음식점에 대해서 들어보았지만 가보지 못 했습니다. 후배와 함께 전주 맛인 홍어탕으로 톡 쏘게 먹었습니다. 그곳에서 나오는 작은 조기는 구이가 아니라 어린 시절에 밥에 얹어 쪄 먹었던 찜이었습니다. 홍어회에 함께 나온 도라지도 상큼했습니다.

경상도 출신인 남편도 좋아하는 맛, 시골풍의 맛입니다. 식당 안에서 바라본 정원은 잔디밭에 봉숭아꽃이 만발해 있습니다. 초록색의 잔디 앞에는 대한민국 근대문화유산인 삼례 양수장이 빨간 벽돌

건물로 그대로 서 있습니다.

레스토랑 뒤편에는 오래된 계단 길이 있는데 한발 한발 올라서니 비비낙안이라는 찻집이 있습니다. 찻집은 산 정상에 있어서 만경 강가가 내려다보입니다. 때마침 젊은 신혼부부가 친구들과 함께 결혼 사진을 찍고 있었습니다. 찻집에서 바라본 만경강은 비를 맞으면서 시원하게 흐릅니다.

후배와 남편과 셋이서 이 이야기 저 이야기를 하다가 결국 농사짓는 이야기가 나옵니다. 타고난 농부입니다. 찻집에는 손님들이 분주하게 들어옵니다. 유기농으로 가꾼 차와 케이크를 시켰습니다. 당근 케이크는 약간 까칠하지만 부드럽게 넘어갑니다. 맛을 음미하며 천천히 먹었습니다.

찻집에서 나와 조금 내려가니 오래된 정자 비비정이 있습니다. 난간이 떨어져 나간 곳이 한두 군데가 아닙니다. 그곳에서 우연하게 삼례 책마을 관계자를 만났습니다. 한 번 와보라고 해서 책마을에 가보았습니다. 책마을이 완성되고 있었습니다. 삼례 문화촌도 잠시 들렸습니다. 만들어진 규모에 비해서 한산합니다.

칼데콧 그림 전시회가 있다고 해서 책 박물관에 들렸습니다. 칼데콧 상을 받은 예쁜 그림책을 모았던 저는 정작 칼데콧의 작품은 잘 알지 못했습니다. 차분하게 칼데콧의 작품을 감상하였습니다. 조명을 받아서 그런지 작품은 더 자세하게 들어옵니다. 들인 공력에 비해서 책 전시장이 너무 조용합니다. 붐비는 한옥마을을 생각하면, 이곳 삼례가 텅텅 빈 것이 안타깝습니다.

어떤 문화를 정착시킨다는 것, 새로운 공간을 만들어 낸다는 것은 무모하게 어떤 일을 감당하는 사람이 필요합니다. 함께 나아가기 위해서는 같은 마음을 모아야 합니다. '책을 좋아하는 사람의 힘'이 모아져야 가능할 것입니다. 책읽기를 좋아하는 저희는 책마을이 잘 정착되길 소망했습니다.

후배와 함께한 오늘은 마음이 있는 그대로 평안해지는 시간이었습니다. 이것저것 그리 특별한것은 없었지만, 쉬는 듯 멈춘 듯 흘러내리는 구름 따라 걸었습니다. 함께하는 누군가와 소리 없이 지나가는 길도 좋았습니다. 우리는 특별한 일, 특별한 만남, 특별한 시간을 중요시 합니다. 하지만 우연하게 마주하는 자연 앞에서, 일상의 만남 속에서도, 한 없이 편안함을 느낄 때가 있습니다.

오늘 경험한 것은 아름다운 곳도, 그리고 그렇게 화려한 곳도 아닙니다. 멀리서 철길이 보이고 전깃줄이 보이고, 농사짓는 농부들이 보였습니다. 아름답게 포장된 길도 아니고 그렇다고 비포장의 정겨운 고향 같은 그런 곳도 아닙니다. 보통 볼 수 있는 소도시 속의 작은 마을입니다.

하지만 흐느적거림의 고요가 흘러나와 그 속으로 빨려 들어가는 느낌입니다. 평화로움입니다. 제가 서 있는 곳이 삶의 현장임을 일깨워주는 그런 날이었습니다. 후배와 삼례 주변을 돌아 본 날은 쉬는 듯, 멈춘 듯 그렇게 고요하게 지나갔습니다.

2. 한 사람

## 휘어짐의 일상

숨이 막힐 정도로 답답하던 여름이 지나가고, 가을바람이 불어옵니다. 바람은 맹렬한 기세로 아파트 사이를 파고듭니다. 어느새 찬 바람으로 폭염은 물러갑니다. 문득, 선덕여왕 곁을 지키고 있던 소나무들을 바라보며 쓴 시가 생각납니다.

천년을 버티어
숲을 이룬 것은
휘어짐의 일상

꺾어지고 굽어져
쓰러질 듯한 부끄러움
항시 다잡고 있다
–「소나무의 속삭임」, 이정지–

세월을 버티어 낸다는 것은 모든 풍파를 이겨내는 것입니다. 일어나는 현상들을 지켜보고 휘어지고 견디어 내는 것입니다. 숨이 턱턱

막히는 여름 폭염도 결국 지나갔습니다. 극복하기 힘든 어떤 고통도 다 지나간다는 뜻입니다. 견디어 낼 수 없다고 생각했던 열대야의 밤도 결국은 꺾이고 굽어져 지나갑니다. 이제는 화려한 단풍 꽃을 맞이할 시간입니다.

우리의 인생은
만남으로 빚어가는
하나의 작품이다.
– 박노해 –

다가올 단풍 꽃은 가을의 무슨 이야기를 전해줄까요? 가을바람을 맞아봅니다. 도대체 이 가을빛은 어떤 만남을 가져와 어떤 작품을 만들어갈까요? 하얀 구름은 하늘에 거품처럼 뿌려져 있습니다. 드러난 것은 청명한 푸르름과 서늘한 바람입니다.

며칠 전 친구 수녀가 전주로 피정을 왔습니다. 점심과 차 마실 시간만 있다고 합니다. 아슬아슬하게 친구를 만나 점심을 먹었습니다. 친구가 잠시라도 편안하도록 집으로 와서 차를 마셨습니다.

2년 반 만의 만남입니다. 친구는 자신의 성찰에 대해 말해줍니다. 변화와 성장에 대한 이야기를 합니다. 수도원의 이야기도 우리의 삶처럼 재미있습니다. 사람 사는 냄새가 납니다. 철저하게 성찰하는 친구를 보면서 마음이 뜨끔거립니다.

“안에 있는 것은 반드시 밖으로 드러나니 오직 안을 곧게 하지 못할까 두려워할 뿐이다. 안이 곧으면 밖은 반드시 반듯하게 된다.”

– 정자 –

그냥 그냥 살고 있는 접니다. 자신의 작은 행동에도 추상같이 성찰하며 노력하는 수도자인 친구를 봅니다. 마음 한곳이 정갈해집니다. 과일을 먹으면서 친구와 도란도란 이야기를 하였습니다. 피곤하여 소파에 누워 대화를 이어갔습니다. 며칠 밤샘작업을 해서 그런지 친구와 이야기를 나누면서 그만 잠이 들었습니다. 친구는 저를 지켜보면서 깨우지 않았습니다. 서울 가는 차 시간에 맞춰서 저를 깨웁니다. 친구를 옆에 두고 곤한 잠에 빠졌습니다. 정말 미안했습니다.

친구는 자신이 가지고 있던 수건을 보여줍니다. 예쁘다고 하니 새 주소를 알려달라고 합니다. 서울에 가면 사서 보내준다고요. 친구를 보내고 나니 정말 미안합니다.

얼마나 만나고 싶었던 친구였는데 그냥 보내고 말았습니다. 친구는 그래도 넉넉히 웃고 갑니다. 친구가 살고 있는 세계는 평범하지 않습니다. 하지만 누군가는 가야 하는 길입니다. 친구를 만나고 나면 '깨어있는 삶'을 생각하게 됩니다.

"잡으면 보존되고 놓으면 없어지며, 드나드는데 때가 없고 어디를 가는지 알지 못한다는 것은 오직 마음을 두고 하는 말이다."

– 맹자 –

친구를 아쉽게 보내고 나니, 흔들거리는 마음을 붙잡고 글을 쓰기가 힘이 듭니다. 마음이 불편하고 부끄러워 어딘가에 숨고 싶습니다.

드나드는데 때가 없다는 마음, 어디를 가는지 알 수 없다는 마음. 끊임없는 성찰만이 마음을 지켜 낼 수 있습니다. 휘어지고 꺾이더라도 견뎌내야 합니다. 선덕여왕의 묘를 지키며 천년을 버티어낸 소나무숲, 굽어져도 쓰러져도 끝까지 버티어 내고 싶습니다.

**2. 한 사람**

## 성장은 만남에서

오후 5시 30분, 쪽구름도서관에 도착했습니다. 작년에는 인문학 강좌를 들으러 왔는데 오늘은 강의하러 왔습니다. 1시간 30분 전에 도착하여 자리를 만들고, 활동지 복사하고, 컴퓨터를 확인하였습니다. 리모컨이 작동하지 않습니다. 집에서 가져온 리모컨 덕택에 마음이 놓입니다.

첫날이라고 눈이 예쁘고 사근사근한 두 분의 사서 선생님은 이것저것 알려주십니다. 도움을 받아 사물함에서 펜과 포스트잇을 꺼내 책상에 가지런히 놓았습니다. 연보라색의 프린트를 책상 위에 올려놓고 기다리고 있었습니다. 강의실을 돌아보니 평안합니다. 밖은 이제 깜깜합니다.

어떤 분들이 올까 궁금합니다. 서성이다가 기웃거리면서 들어옵니다. 총총거리며 급히 들어옵니다. 인사를 나눴습니다. 강의실과 친숙해졌습니다. 강의 초반부에 갑자기 안경이 희뿌여집니다. 눈망울들이 집중되는데 절망스럽습니다. 눈을 보호하기 위해서 안약을 자주 넣었더니, 눈은 번쩍 떠지나 계속 이물질이 끼는 것 같습니다. 닉네임이 호호샘이니, 호호아줌마처럼 이런 상황을 척척 술술 풀어 가야겠지요. 앞에 계신 한 분이 환하게 웃고 계십니다. 마음이 한결 나아집니다. 힘을 내서 강의를 진행하였습니다.

모두들 자신이 가지고 있었던 열망을 드러냅니다. 늦은 밤에도 적극적으로 삶을 개척해 가는 모습은 강한 기운이었습니다. 퇴임하고 시경을 필사하며 시를 공부한다는 분은 낭랑한 목소리로 시를 읽어 줍니다.

블로그 두 개를 운영한다는 분은 3명의 손자들을 돌보며 도서관에서 10시간씩 공부 한답니다. 두 아이를 데리고 와서 강의를 듣는 애기엄마. 아이에게 해방되어 자신만을 위한 저녁 모임에 끝까지 참석하겠다고 팀장을 자원한 젊은 엄마. 팔에 깁스를 하고 온 분. 저녁을 김밥으로 때우거나 굶고 직장에서 바로 온 분들.

강의실은 자신을 찾고자 갈망하는 열기를 뿜어내고 있습니다. 탐구심과 호기심으로 도전하는 모습입니다. 타인의 삶속에서 숨어 꿈틀거리는 또 다른 저를 보게 됩니다.

바위에 지긋이 기대

소리 머금고

피어나니

청명지세(淸明之世)

논할 수 있는 자

어디 있는가

여여하게

흘려보낸 침묵은

어디에 닿을 수 있을까

– 「새벽인사」, 이정지 –

올해는 누군가를 깊이 만나고 싶었습니다. 가을밤, 〈내 마음 다독이는 책 읽기〉 강의는 앞으로 3개월 동안 진행됩니다. 그림책과 시와 단편소설을 함께 읽습니다. 제가 만든 프로그램을 통해서 타인 속에 숨어있는 어떤 나를 만나게 될지 가슴이 콩닥거립니다.

"내 비밀이란 이런 것이야. 제대로 보려면 마음으로 봐야 해. 가장 중요한 것은 눈에는 보이지 않거든."

– 『어린왕자』 중에서 –

물꼬를 터주듯이 적극적으로 참여하는 분, 자신의 이야기를 담담하게 풀어낸 분. 그 분들이 보여주는 삶 속에서 잊고 있던 저의 삶도 또렷해집니다. 찬찬하게 다가오는 시간입니다.

강의실은 이야기를 담고 서서히 밤의 열기로 달아오릅니다. 재기발랄한 몇 분은 '이 가을에… 더 깊은 로맨스를 찾고 싶다!'하여 여러 번 웃게 만들었습니다.

시간은 빨리 지나갑니다. 한 사람에게라도 작은 도움이 되길 바라면서 조용히 수업을 이끌었습니다. 참여자들은 편안하게 이야기를 풀어갑니다. 경쾌하고 꽉 찬 가을밤입니다.

# 3

# 혼불, 아직도 흐른다

쓰지 않고 사는 사람은 얼마나 좋을까.

때때로 나는 엎드려 울었습니다.

– 최명희 –

3. 혼불, 아직도 흐른다

# 남원, 사랑의 1번지

인문학 강좌에서 혼불 문학관, 만인의 총, 만복사지, 광한루원이 있는 남원을 답사했습니다. 남원은 흥부전, 놀부전, 춘향전, 변강쇠전, 최첩전 등 판소리와 창극의 탄생지입니다. 터널을 지나는데 '남원은 사랑의 1번지'라는 문구가 보입니다. 사랑 이야기가 가득하여 그렇답니다. 강사 선생님은 안도현 시인의 '춘향터널'이라는 시를 꼭 읽어보랍니다. 역시나 점잖은 안도현 시인도 '춘향터널'이라는 시로 사랑의 1번지 남원을 참 거시기하게 표현했습니다.

'혼불'의 배경이 된 마을에 세워진 '혼불문학관'. 바람도 구름도 거쳐 가는 명당입니다. 최명희 작가는 17년 동안 하나의 소설을 썼습니다. 암 투병 중에 문학관을 짓는 곳에 와서, 그곳에서 소설을 집필하겠다는 의지를 보였답니다. 51세에 세상을 떠난 작가의 느낌이 너무 강렬하여, 잠시 쉬고 문학관을 둘러보았습니다. "손가락으로 바위를 뚫어 글씨를 새기는 것만 같다."라는 반듯하게 써내려간 원고들.

"쓰지 않고 사는 사람은 얼마나 좋을까. 때때로 나는 엎드려 울었습니다.” 작가의 초상화를 바라보니 그녀의 고뇌가 엄습합니다.

“단 한 사람만이라도 오래오래 나의 하는 일을 지켜보았으면 좋겠다. 그 눈길이 바로 나의 울타리인 것을 나도 잊지 않을 것이다.” 글을 쓰는 것은 고독한 시간 속에 자신을 가두는 것입니다. 결혼도 하지 않고 글을 위해 평생 모은 자료들. 혼자 골방에 앉아 ‘문자와 혼’과 섞여 지샌 밤이 ‘혼불’을 만들었겠지요.

최명희 작가는 토속어를 찾아 쓰고, 없으면 스스로 만들어 새로운 말을 사용했다고 합니다. 단 한 사람만이라도 오래오래 지켜보길 원한 그녀의 슬픈 초상화 앞에서, 한참 서성거리다 마음으로 웃어주었습니다.

다음으로 간 곳은 ‘만인의 총’입니다. 정유재란 때 죽은 만 명의 무덤이 있는 곳입니다. 그 당시 만 명의 죽음은 남원시민이 몰살된 것과 같다고 합니다.

‘교룡산성’에 들려 최제우의 동학사상, 인내천 교리를 완성했다는 곳을 둘러보고 밑에 있는 남원의 여류시인 김삼선당 시인의 시비 앞에서 시를 읽었습니다. 1700년대 253편의 시를 남기고, 남존여비 사상 속에서도 자신의 길을 개척한 열린 여인이랍니다.

드디어 '만복사지'에 도착하였습니다. 약탈과 화재로 소실되어 유물 몇 점만이 터를 쓸쓸하게 지키고 있습니다. 만복사저포기. 김시습은 유교를 거부하고 출가하여 전국을 떠돌다 금오신화를 지었습니다. 그 당시에는 받아들이기 힘든, 인간적이지만 건방지고 발칙한 내용입니다. 양생이 첫눈에 반하고 사랑을 나누는 곳이 사찰입니다. 한 때는 스님이었던 김시습의 생각을 반영하고 있습니다. 사랑의 도시 남원에서나 가능한 이야기입니다.

그냥 지나칠 수 없는 그런 장소를 하나라도 더 보여주려는, 시인 복효근 선생님과 함께 남원을 자세히 돌아보았습니다. 판소리가 유독 남원에 융성한 이유를 자세히 설명해 주십니다. 열정적인 한 사람, 향토사학자의 중요성이 느껴집니다.

흐릿흐릿 지리산 자락에 터를 잡은 남원은 멀어져 갑니다. '바위를 뚫어 글씨를 새긴 것처럼 글을 썼다'라는 작가의 말이, '한 사람이라도 지켜봐 주는 눈길'을 원한 작가의 고독이, '남원, 사랑의 1번지'에 가을비로 내립니다. 남원은 앞으로 어떤 사랑의 이야기를 써 내려갈까요.

## 3. 혼불, 아직도 흐른다

# 군산, 근현대사의 보고

군산을 배경으로 『탁류』를 쓰신 채만식 선생은 죽음을 맞이할 즈음, 가난과 병으로 자기 집안의 산지기였던 집에서 사과 궤짝을 책상 삼아 글을 쓰셨습니다. 400여 편의 작품을 남기신 선생은 48세에 생을 마감했습니다.

"내가 죽거들랑 상여를 쓰지 말고 화장을 하되 널 위에 누이고, 그 위에 들꽃을 가득 덮은 후 활활 태워다오." 친구 신석정 시인에게 유언한 말입니다. 묘지 가는 길은 들꽃이 만발하였습니다.

그는 친일을 하였습니다. 그의 문학적 가치는 빛을 잃었습니다. 1948년, 자전적 소설인 『민족의 죄인』이라는 저서에서 그는 친일의 잘못을 양심적으로 고백합니다. 적극적인 친일을 하지 않았지만, 호구지책으로 신문사에 있으면서 선동, 찬양하는 일을 몇 번 했다 말합니다.

채만식 선생은 결벽증이 심했다고 합니다. 지식인은 자신의 가치관을 지켜내야 합니다. 결벽증이 있는 지식인으로서 알면서도 친일을 했다는 사실은 평생 부끄러운 죄책감으로 작용했을 것입니다. 먹고 살기 위해서 "그 당시에 친일하지 않았던 사람이 어디 있었느냐"며 친일한 사람들이나 후예들이 당당하게 나오면 당혹스럽습니다.

이번 인문학 답사에서 새롭게 배운 것은 위대한 작가도 하나의 인간이라는 사실입니다. 작가라도 처자식은 먹여 살려야 합니다. 친일 때문에 그들의 빛난 예술성은 가치를 상실했습니다. 만약 일제강점기라는 역사적 비극이 없었다면 그들의 문학은 꽃피웠을 것입니다.

이제는 역사를 거슬러 올라가 화해를 해야 합니다. 반민족 행위를 한 사람의 후예들은 그들 조상에 대해서 부끄러워하고, 사죄해야 합니다. 역사를 미화하거나 정당화해서는 안 됩니다. 사과가 선행되면, 용서하고 받아줘야 합니다. 후예들의 잘못이 아니니까요.

가장 중요한 것은 36년의 일제강점기 동안, 먹고 사는 문제보다 조국을 위해 헌신한 사람들에 대한 연구가 더 진행되어야 합니다. 그들의 희생을 명확하게 기록하고 가르쳐야 합니다. 또한 잃어버린 명예를 찾아주고, 확실하게 보상해 줘야 합니다.

군산은 일제 식민지 수탈을 위해서 가장 먼저 신작로와 철도가 만들어진 곳입니다. 수탈의 현장인 군산세관은 쓸쓸합니다. 일본의 대지주가 살았다는 히로스 가옥은 '대한민국 근대문화유산'입니다. 목조 2층 건물로 정원관리도 잘 되어있고 아름답습니다. 그곳에서 농촌수탈을 그려 볼 수 있었습니다. 일제강점기 시대의 일본식 거리와 가옥은 군산시에서 관리하는 일본식 숙박시설인 고우당에서 느껴볼 수 있었습니다.

근대역사박물관은 일제강점기 때의 거리 모습을 재현하고 있었습니다. 준비된 한복으로 갈아입고 사진도 찍고, 고무신 가게도 둘러보고, 그 당시의 학교도 들어가 앉아보았습니다. 옛날 거리를 그대로 재현해 놓아서 이리저리 체험하며 시간여행을 즐겼습니다. 군산은 일제강점기의 실상과, 근현대사의 흐름을 한 눈으로 느껴 볼 수 있습니다.

근현대사의 보고인 군산. 총총 거리면서 흩어진 사람들을 모으고, 다른 곳으로 재촉하며 이동하는 것을 돕던 쪽구름 도서관 사서님이 있어서 군산을 오래 기억할 수 있었습니다. 역사는 이렇게 조용하게 움직이는 한 사람 한 사람에 의해서 이루어지는 것 같습니다. 저도 이런 사람이 되길 소망해보면서 70년 전통의 이성당 빵을 입에 물고 집으로 돌아왔습니다.

3. 혼불, 아직도 흐른다

## 전주향교, 그 노란 빛

박희진 시인은 「방학동 은행나무」라는 시로 가을을 이렇게 노래합니다.

한줄기 미풍에도 얇은 금편(金片)들 떨어져 내려
땅바닥은 사방에 금빛 멍석 깐 듯
목욕재계하고 그 위에 호젓이 단좌하고 싶다
알몸인 이 몸에 그 정결한 금편들 닿으면
녹아서 이내 부드럽게 금칠하리
마침내 이 몸이 그냥 그대로 생불(生佛)될 때까지

비를 맞고 친구들과 전주향교를 찾았습니다. 향교 안은 온통 금빛으로 찬란합니다. 땅 아래는 금물결이요, 하늘에서는 반짝이는 금색 요정들이 비 따라 쏟아집니다.

전주향교는 고려 말에 창건되었다고 전해집니다. 대성전, 명륜당, 동무, 서무, 제기고 등 99칸 대규모 건물로 이뤄졌습니다.

서울의 성균관을 모방하여 그 규모나 내실에 있어서 수도향교라고 조선후기까지는 불렀답니다. 두 차례의 큰 홍수와 6.25전쟁으로 지금은 그때의 위용을 찾아볼 수 없으나 남아 있는 건물은 여전히 고고합니다.

대성전에는 공자, 안자, 자사, 증자, 맹자 등의 위패가 모셔져 있습니다. 원래 위치는 왕의 어진들이 모셔진 경기전 근처였으나 '글을 외우고 읽는 소리, 회초리를 치는 소리' 등으로 태조의 영령이 평안하지 않을 것 같다고 중화산동으로 옮겨졌답니다.

향교의 위치가 읍성에서 멀고 전주천을 넘어 다니기가 불편하여 선조 때 현 위치로 다시 이전했습니다. 2,300여 호가 불타는 화재가 발생했을 때는 경기전에 있던 태조의 어진이 향교로 봉안되었고, 동학농민운동 때는 농민군의 주요거점, 6.25전쟁 때는 인민위원회사무실로 사용되었습니다.

전주향교는 만화루, 일월문, 대성전, 명륜당이 하나의 중심축을 이루고 있습니다. 담장을 사이에 두고 들며날며 그 깊이를 느껴볼 수 있습니다. 향교 뒤의 산, 오목대의 경관이 자연스럽게 언뜻언뜻 눈에 들어와 향교의 배경됩니다.

도심 속에 있는 향교지만 산속의 어느 절에 있는 것 같이 고즈넉합니다. 역사의 흔적을 담고 400년 동안 고고하게 서있는 은행나무는 더 없이 노랗습니다. 노란 물이 든 것처럼 단풍 비를 쏟아내고 있습니다.

향교 안에는 다섯 그루의 은행나무가 심겨져 있습니다. 은행나무는 오래 살며, 수형이 크고 깨끗합니다. 화재에 강해서 방화수로도 사용됩니다. 병충해에 강하고 짙은 그늘을 제공하여 정자목으로 쓰입니다. 유생들이 바르게 성장하여 넉넉한 그늘을 제공하는 큰 사람이 되라고 은행나무를 심었다는 설이 있습니다.

떨어지는 노란 잎을 바라보는 순간은 빗속에서도 희망을 줍니다. 노랗게 물든 향교는 처음 보는 광경입니다. 노랑은 지혜와 조화의 상징이며 기쁨과 희망을 주고 결단을 불러일으키는 색이라고 합니다. 상처를 회복하는 기능도 있다 합니다.

전주향교를 나와 한옥마을을 한 바퀴 돌다보니 어느새 깊은 오후입니다.  스로우시티 전주라는 이미지는 향교의 이미지와 맞물려서, 선비의 고장으로 조용하게 흘러듭니다. 한옥마을의 정비된 길을 걸었습니다. 소리 내어 글을 읽고 한쪽에서는 회초리 맞는 학동들의 광경이 상상됩니다.

따뜻한 연기와 냄새를 품고 유혹하는 먹거리 골목을 걷다보니, 기웃기웃 거리면서 군것질을 찾고 있는 학동들이 튀어나올 것만 같습니다.

한옥마을 전체가 생생합니다. 다음번에는 한복을 입고 한 바퀴 돌자는 친구의 말에 용기를 내어 볼 생각입니다. 새로운 결단을 도와주는 전주향교의 노란빛 때문이겠지요.

3. 혼불, 아직도 흐른다

## 달빛고속도로를 달리면서

88고속도로의 4차선 확장소식이 최근에 있었습니다. 지난해는 공사 중인 2차선 길이었습니다. 화물트럭의 졸음운전 때문에 온 가족이 공포에 떨었습니다. 갓길도 없어 피할 수도 없었습니다. 확장된 88고속도로를 탔습니다. 차는 막힘없이 달립니다.

25년 전, 결혼하여 처음으로 대구에 갈 때는 버스를 탔습니다. 당시 88 고속도로는 꼬불꼬불하고 중앙 분리대도 없었습니다. 좁은 2차선에서 추월하는 차들이 사고를 내는 경우가 많았습니다. '위험천만한 고속도로'라고 불리는 것이 당연하듯 갈 때 마다 아찔했습니다. 88고속도로를 이용할 때는 항상 긴장됩니다.

대구로 향할 때는 뭔지 모를 답답함이 몰려옵니다. 88고속도로는 영호남의 소통을 위해 만든 고속도로였지만 현실은 동맥경화가 일어난 듯 막막한 도로였습니다. 지금 상황을 그때와 비교하면 너무나 확트인 느낌입니다. 2차선에서 4차선으로 완성되는데 거의 30여년이 걸렸습니다. 앞으로 영호남이 더 많은 교류를 하여 6차선으로 확장

되면 좋겠습니다.

영국은 색깔이 다른 잉글랜드, 웨일즈, 스코틀랜드, 그리고 북아일랜드의 연합왕국(United Kingdom)입니다. 미국도 연방공화국입니다. 두 나라는 다양성을 기반으로 공존합니다. 지역의 특색을 인정하고 존중해줍니다.

서로의 소통은 다양성에 대한 인정과 상호 존중에서 이루어집니다. 국가 경제, 교육 분야 등 공통의 관심사는 원활한 소통으로 함께 추진합니다.

영국에나 미국에서 교육을 받을 때 어느 특정 종교·인종·성별에 대한 차별은 금기사항입니다. 학교수업 중 레이시즘(인종차별) 관련 말이 나오면 교사는 단호하게 중단 시켰습니다. 교사는 어떤 차별도 옳지 않다는 것을 학생들에게 분명히 교육시킵니다.

누구를 폄훼하거나 차별하는 언어나 행동을 금기하는 사회적 합의가 있었습니다. 이와 같은 '차별이 없는 문화가 다양성을 길러내는 기본 소양'이라고 생각합니다.

인도네시아에서는 '다양성 속의 합의'라는 말이 있습니다. 이는 다양성을 존중하며 소통을 통한 합의로 사회를 안정시키는 노력을 말합니다.

88고속도로를 시원하게 달리면서 생각해보았습니다. 영호남이 서로의 다양성을 존중하고 소통하는 시대를 열면 새로운 역사를 만들어 낼 수 있겠다고요.

대구에 도착해서 이름난 맛 집을 찾았습니다. 달라도 많이 달랐습니다. 자장면을 시켰는데 고춧가루를 뿌려먹고 밥도 한 공기 덤으로 줍니다. 전주에서 먹던 것과는 다른 음식문화입니다. 시끌벅적한 식당에서 주변사람들의 대화를 들어보니 외국에 와 있는 느낌입니다. 말의 속도도 빠르고 억양도 심해서 귀에 속속 들어오지 않습니다. 혼란스럽고 이국적인 모습입니다.

같은 나라에서 어떻게 이렇게도 다를까요. 오늘 처음 만난 분은 직접적으로 묻지는 않았지만, 저의 고향을 묻고 싶은 눈치였습니다. 저의 말투가 그분께는 이상했나봅니다. 교류가 많아진다면 서로가 갖고 있는 미지의 세계를 더 쉽게 알아가겠지요.

88고속도로의 명칭을 대구의 옛이름 '달구벌'과 광주를 풀어 쓴 '빛고을'의 첫 글자를 따서 '달빛고속도로'로 시민단체와 광주·대구

시의회에서 개명을 요구했다고 합니다. 하지만 공식명칭은 '광주–대구 고속도로'입니다. 저는 낭만적인 이름인 '달빛고속도로'라고 명하면 좋겠습니다.

경상북도 안동 권씨, 신라인과 결혼한 저는 전주이씨, 백제녀입니다. 88고속도로를 통해서 영호남을 오갔습니다. 하지만 지난 세월은 소통에 있어서는 답답했습니다.

'달빛고속도로'라는 이름으로 오고 간다면 영호남은 낭만적으로 만날 것 입니다. 다양성을 존중하고 서로 화합하는 영호남! 이 고속도로를 통해서 이루어지기를 소망합니다.

3. 혼불, 아직도 흐른다

## 한옥마을을 생각하며

날이 따뜻해지면 전주한옥마을을 걸어보자고 친구와 약속했었습니다. 손님들이 오면 으레 들리는 곳이 한옥마을이라서 몇 번씩 휙~휙~ 지나쳤습니다. 느리게 걸어보고 싶었습니다. 친구는 이곳에 이사를 오고 하도 손님치레를 많이 하여서 저보다도 한옥마을을 더 잘 알고 있습니다. 저만 아는 곳을 보여주고자 야심차게 준비했지만, 변한 곳이 많아서 자주 다닌 친구가 저를 안내합니다.

먼저 남부시장 천변에 주차를 하고 청년 몰에 도착하였습니다. 몇몇 상가는 문을 닫았지만 열린 곳은 재미있는 문구로 유혹하고 있습니다. 인도물품을 판매하고 있는 한 분은 전주에서 자라났고, 서울에서 생활하다가 전주로 왔다고 했습니다. 쇼핑몰도 운영하면서 열심히 장사하는 모습이 정겹습니다. 친구는 맘에 든다는 엷은 회색 스카프를 샀습니다.

돌고 돌면서 맛집을 찾았습니다. 남부시장 안의 순대국집은 평일인데도 길게 줄이 서있습니다. 여기 저기 맛집을 시장에서 찾아보았으나 내키지 않아서 전동성당 쪽으로 이동하였습니다. 점심을 먹기 위해서 이곳저곳을 찾아보았습니다. 전주에 오는 분들에게 항상 전주비빔밥으로 대접했기에 색다른 비빔밥이나 먹거리를 찾아보았습니다. 다음에 오는 분에게 소개하기 위해서입니다.

고등학교 때 먹어본 성심여고 근처의 베테랑 칼국수를 먹었습니다. 이런 칼국수는 처음 먹어본다는 친구는 예전의 칼국수집이 한옥집을 한 채 두 채 사들여서 확장한 것은 모릅니다. 고등학교 때 친구들과 먹어본 그 맛을 생각하며 잠시 그 당시를 회상해 보았습니다. 한 고교 동창의 집은 성심여고 근처였는데 음식점으로 변해 있습니다.

경기전 주변을 한적하게 걷는데 많은 젊은이들이 한복을 입고서 걸어 다닙니다. 저도 기분이 좋아집니다. 슬로우도시답게 포근함과 평화로움이 몰려옵니다. 친구랑 저는 경기전 주변의 한 건물 앞에서 화들짝 놀랐습니다.

경기전 벽을 사이에 둔 멋진 노란색 카페건물은 경기전의 고풍스러운 모습과 어울리지 않았습니다. 이질적인 색감으로 경관의 흐름을 끊어 놓고 있었습니다. 1000만 관광객을 끌어들이는 한옥마을은 새로운 건축물이 계속 만들어지고 있습니다. 건축물의 허가를 내줄 때는 한옥마을과 어울릴 수 있는 색채나 디자인을 고려한, 세심한 지

침이 있어야 할 것입니다.

영국에 살 때는 셰익스피어 생가 근처에서 살았습니다. 지금처럼 손님이 오면 워릭셔 스트랫퍼드어폰에이번으로 모시고 갔습니다. 그곳은 오래된 건축물과 거리를 그대로 보호하고 있었습니다. 새로 지어진 건축물도 오래된 건축물들과 잘 어울리는 디자인과 색감을 지니고 있습니다. 밖은 아주 오래된 건축물이지만 안으로 들어가 보면 현대적으로 디자인되어 있습니다.

중국에 갔을 때도 스타벅스 커피숍이 옛 가옥에 간판만 스타벅스를 하고 있어서 신기했었습니다. 옛 도시와도 잘 어울렸던 그 커피숍은 더 정겹고, 더 들어가 보고 싶었습니다.

한옥마을에 오시는 분은 한적한 옛스러움을 찾아옵니다. 편안함과 쉼을 얻기 위해서지요. 이질적인 색감의 현대적인 건물을 보기 위해 찾아오는 것은 아닐 겁니다. 어울리지 않는 색감이나 디자인은 한옥마을의 전체적인 분위기를 혼란스럽게 할 수 있습니다.

한옥마을의 낮은 건물이 눈에 들어옵니다. 멀리서 향교의 은행나무와 동고사도 보입니다. 아스라이 과거의 문이 열립니다. 평화로운 한낮입니다.

한옥마을은 상업적인 이익도 중요합니다. 하지만 지속적인 발전을 위해서는 스토리가 있는 디자인과 색채, 한옥마을과 어울리는 건축물로 채워지면 좋겠습니다. 또한 한옥마을의 작은 골목을 걷다보면, 과거로 들어갈 수 있는 그런 문을 발견할 수 있도록 디자인이 되면 좋겠습니다.

# 혼불, 아직도 흐른다

자욱한 안개가 밀려옵니다. 빗방울은 점점 굵어집니다. 가는 길은 익숙합니다. 단발머리를 하고, 교복을 입고, 주말이면 3년을 지나다닌 길입니다. 저의 고향을 조금만 벗어나서 남원 쪽으로 가면 혼불문학관이 있습니다.

비 오는 깜깜한 날, 아버지가 책 꾸러미를 들고 옵니다. 노끈으로 열권쯤 묶여 있습니다. 거실 탁자 위에 투우욱 놓습니다. "이 책에는 남원에 사는 우리 집안 이야기도 나와 있단다. 이 책을 꼭 읽어봐라!" 내키지 않았습니다. 열권이 주는 무게감에 눌려 손이 쉽게 다가가지 않았습니다. 몇 년이 흐르고, 보슬보슬 비 오는 어느 날 '혼불' 한 권을 꺼내 읽었습니다.

첫 장부터 내밀한 이야기로 시작합니다. 대나무 부딪히는 바람소리, 장독대 뒤편의 침침함, 골목을 지나치는 소곤거림, 고향의 속삭임입니다. 익숙한 지명과 센 사투리로 금세 소설 속으로 빠져들었습니다. 어느새 10권을 다 읽었습니다. 소설은 근현대사도 섬세하게 알려줍니다.

다 읽은 책은 시집 간 언니들의 집으로, 돌고 돌았습니다. 아버지와 언니들과 혼불의 배경, 혼불에 나오는 집안 이야기를 가지고 밤새 이야기했었습니다.

남원의 혼불문학식장에 참석하였습니다. 빗방울은 산그늘을 타고 더 많이 떨어집니다. 혼불문학상의 심사위원들도 제 옆에 계십니다. 진행요원들은 우비를 입고, 비를 맞으면서 행사를 진행합니다. 어린 화동들도 고운 한복을 입고 등장합니다.

비를 피한 천막에 가만히 앉아 있을 수만은 없었습니다. '혼불'을 조금이라도 느껴보고자 문학관 처마 밑에 서서 행사를 지켜 보았습니다. 비가 떨어집니다. 처마 밑으로 뚝뚝 떨어지는 비를 화강석이 받아칩니다. 흙이 파이지 않고 옆으로 흐릅니다. 최명희 작가 한 사람의 작품으로 우리가 모였습니다. 떨어지는 빗방울도 흐르고 흘러 어디에선가 작가의 뜻을 밝히겠지요.

2016년 혼불문학상을 수상한 박주영 작가는 말합니다. "쓰지 않고 사는 사람은 얼마나 좋을까라고 최명희 작가가 말했습니다. 작가의 이 말은 글 쓰는 도중 계속 생각났습니다. 그 생각을 가지고 10년 동안 이 소설을 썼습니다."

두 분 작가를 통해서 글을 쓴다는 것이 얼마나 고통스러웠을지 가슴에 새겨봅니다. 문학관을 다시 둘러보았습니다. 17년 동안 쓴 '혼불'을 내어놓고, 최명희 작가는 51세에 세상을 떠났습니다. 지금의 제 나이입니다. 절절한 느낌입니다. 소름이 돋습니다.

최명희 작가는 "손가락으로 바위를 뚫어 글씨를 새기는 것만 같다."라는 말을 남겼습니다. 또렷하고 정갈하게 만년필로 쓴 육필 원고가 여러 장 보입니다. 매서운 눈매와 광대뼈가 도드라진 그녀의 초상화도 보입니다. 평탄하지 않았을 작품 준비과정과 그 속에서 '무수히 고뇌했을 밤과 낮의 시간'이 켜켜이 쌓여있습니다.

"단 한 사람만이라도 오래오래 나의 하는 일을 지켜보았으면 좋겠다."라는 최명희 작가의 말이 그냥 들리지 않습니다. 보슬보슬 흐르는 빗물 따라, 그녀의 작가정신은 혼불문학상으로 타오르고 있습니다. 혼불문학상의 시상식은 '바람아 혼불이여'라는 판소리로 끝을 맺었습니다.

전주로 올라오는 도중 아버지가 자주 데리고 가던 오수의 장안집에서, 소머리국밥을 먹었습니다. 맛깔스러운 상추절임과 삭힌 파김치, 국밥에 넣어먹는 부추가 맛있습니다. 술술 넘어갑니다. 60년도 더 된 국밥집입니다. 아버지를 기억하던 국밥집 주인은 "그분, 참 좋으신 분이었는데…"라는 말을 남깁니다.

'혼불문학상 시상식'에 다녀온 길은 고향의 추억, 최명희 작가정신, 아버지와의 추억을 만난 길이었습니다. 자신의 혼을 빼어 놓는 글쓰기. 글을 쓰는 지금도 최명희 작가가 혼자 감당했을 섬뜩한 고독이 느껴져서 가슴이 설컹거립니다.

3. 혼불, 아직도 흐른다

## 다시 바라 본 백제

친구들과 '백제역사기행'을 다녀왔습니다. 국립부여박물관은 낮게 지어져 자연과 조화를 이루고 있지만 어쩐지 일본식 건물 같습니다. 박물관에 들어가서 가장 먼저 본 것은 1993년에 능산리사지에서 발굴된 '백제금동향로'입니다.

몇 년 전 이 향로에 대한 글을 상세하게 읽고 놀란 적이 있었습니다. 눈앞에 있는 것은 모조품이 아닌 진품입니다. 적에게 빼앗기지 않으려고 스님들이 계곡에 묻어 놓았기에 1,500년이 흐른 지금도 우리가 볼 수 있습니다.

'백제금동향로'는 받침, 몸체, 뚜껑, 봉황장식으로 되어 있습니다. 받침은 용이 살아 움직이면서 머리를 들어 올린 자세입니다. 입으로 하부를 물고 있습니다. 몸체는 연꽃잎으로 되어있고 날개달린 물고기와 동물들과 신선들이 장식되어 있습니다.

뚜껑은 산봉우리 사이에 동물과 동글동글한 얼굴에 잔잔한 웃음을 담고 있는 5인의 악사, 17명의 인물이 새겨져 있습니다. 뚜껑 위에는 봉황이 여의주를 끼고 있습니다. 고고한 자태는 누구라도 누를 자세입니다.

이 향로 하나만으로도 그 당시의 백제 문화를 상상해 볼 수 있습니다. '금동관음보살입상'을 보면서 자애로운 얼굴 표정과 옷의 입체감을 통해 그 당시 조각의 수준을 짐작해 볼 수 있습니다. 곱고 부드러운 패턴의 '와당'은 지금이라도 집에 가져와 벽에 붙이거나 장식을 해도 손상이 없을 정도입니다.

백제는 우리나라 평야의 70%를 차지하는 곡창지대입니다. 손재주가 좋으면 관리가 되었고, 그런 전문가들을 기와박사처럼 박사라 칭했습니다. 예술가의 지위가 높다는 것은 사회가 안정되고 풍요롭다는 증거입니다. 백제 유물에는 그 당시의 다른 나라와는 달리 작가의 이름이 새겨져 있습니다.

배를 타고 낙화암과 고란사를 둘러보았습니다. 나당연합군에 의해 백제의 궁녀들과 부녀자들이 당했을 도륙을 생각하며 낙화암이라고 이름 지은 조선의 송시열을 잠시 생각해 보았습니다. 살살 고란사를 둘러보고 낙화암을 거쳐 사자루에 올랐습니다.

부는 바람 맞으며 소정방이 이끈 나당연합군에게 철저하게 쓰러져가는 백제를 보았습니다. 밑 부분이 검게 그을린 정림사지 오층 석탑을 보았습니다. 소정방은 그 탑을 부셔버리고자 불을 며칠 동안 질렀습니다. 탑은 부서지지 않았습니다. 1,500년을 꿋꿋하게 지켜내고 있습니다.

15세기 미켈란젤로의 조각품에 비교해도 백제의 조각품은 전혀 뒤처지지 않다고 강사님은 강조합니다. 백제의 6~7세기 작품과 서양의 15세기 작품, 백제의 미에 빠져들 수밖에 없습니다. 백제의 모든 귀중품은 정복당한 뒤 철저하게 강탈당하거나 파괴되었습니다. 도굴되거나 수탈되었습니다.

"엄마, 이곳 애들은 왜 그렇게 당당해. 자기가 하고 싶은 말은 언제든지 해. 무슨 기질이야?" 딸이 학교에 다니면서 한 말입니다. "응, 평야의 기운을 받아서 그럴 거야."라고 답했습니다.

"맞아, 엄마. 나는 아파트의 정원과 공원을 보고 자랐는데 이 아이들은 매번 지평선의 흐름과 자연을 보고 자랐지. 나와는 다른 경험이야."라고 딸은 말합니다. 문화재는 파괴되고 소실되었지만 고고하게 흐르는 백제의 문화와 정신은 사라지지 않았습니다.

성흥산성에 올라서 옥토를 가진 백제가 누린 영화와 그들이 당했을 수난을 생각해 보았습니다. 비옥한 대지를 지킬 수 있을 때는 번창하였지만, 방어할 힘이 없을 때는 수탈의 대상이 되었습니다.

영국에 살면서 가끔 소도시의 박물관을 방문했습니다. 6.25 참전용사들의 옷과 함께 그들이 기부한 한국의 유물들을 보았습니다. 전쟁으로 인한 유출이었습니다. 일제강점기와 6.25로 얼마나 많은 유물들이 다른 나라에 수집되어 갔을까요.

문화재를 찾고 보존하는 것은 그리고 그 문화재를 공부하고 교육하는 것은 우리의 정체성을 찾아가는 길입니다. 옛 백제 땅에 살고 있는 지금, 이 지역의 숨겨진 역사와 문화를 더 배우고 싶어집니다.

3. 혼불, 아직도 흐른다

## 섬진강에서 불어오는 매화향기

봄을 알리는 매화꽃을 보러 광양의 매화마을을 찾았습니다. 차가 거의 다니지 않는 평일입니다. 강물 따라 흘러가는 길은 물소리 바람 소리 나뭇가지 흔들리는 소리도 들을 수 있습니다. 잠시 멈춰 서서 동백꽃이 숨어 피는 곳도 찾아보았습니다. 연보라 개불알풀꽃이 사방에 누워 방긋방긋 웃고 있습니다. 반짝이며 흐르는 강가에는 연초록 조릿대도 바람에 출렁거리고, 노란 산수유 꽃도 배경처럼 피어있습니다.

반짝이는 잔물결이 한없이 밀려와
그대 앞에 또 강 건너 물가에
깊이깊이 잦아지니
그대, 그대 모르게
물 깊은 곳에 정들었으리.
– 「섬진강3」, 김용택 –

줄기줄기 굽이굽이 모아 만들어진 섬진강 하류의 물결에 자연스

레 맘을 빼앗깁니다. 오랜만에 만나서 같이 갔던 친구와도 물길 따라 흐르듯 마음도 모아집니다. 높은 산도, 너른 들도, 길가에 흐드러지게 핀 풀꽃들도 강줄기 따라서 모였다가 퍼졌다가 끊임없이 색다른 화폭을 보여줍니다. 저절로 섬진강이 마음으로 흘러 들어와 정이 듭니다. 펼쳐진 풀잎 하나도, 돌멩이 하나도 눈앞에 성성하게 살아 움직입니다.

섬진강을 따라 굽이굽이 흐른 그 길에는 전라도와 경상도가 만나는 화개장터가 있습니다. 새 단장을 한 화개장터를 둘러보고 차를 마셨습니다. 경상도와 전라도의 사투리를 동시에 들으니 정겹습니다. 모여 하나 되는 화개장터를 돌아보니 나눠지고 나눠지는 정치세력이 생각납니다. 작은 물결 모아모아 하나 된 섬진강처럼, 전라도와 경상도의 상인들이 모여모여 만든 화개장터처럼, 전라도와 경상도도 기쁘게 모아지길 빌어봅니다.

전라도나 경상도
여기저기 이곳저곳
산굽이 돌고 논밭두렁 돌아
헤어지고 만나며 아하,
– 「섬진강10」, 김용택 –

매화마을 근처에 도착하자마자 달달한 바람이 불어옵니다. 다행이도 개화시기가 앞당겨져 매화꽃을 많이 볼 수 있습니다. 매화마을 근처에 도착하자마자 큰 앰프소리에 각설이 타령이 흥을 돋우고 몇몇 관광객들은 그 앞에서 춤을 추고 있습니다.

매화는 선비들이 좋아하는 사군자 중의 하나입니다. 봄에 가장 먼저 꽃을 피운다고 하여서 화괴(꽃의 우두머리)라고도 불립니다. 퇴계는 매화 시만 107수를 남겼습니다. "매 화분에 물을 주라."가 유언이었습니다. 퇴계를 생각하며 한적하게 매화 향에 취하고 싶었습니다. 매화풍경에 몰입하고 싶었지만 도떼기시장에 온 듯 정신이 흐려집니다.

시끄러운 그곳을 피하여 점심을 먹었습니다. '벚굴'과 매실을 사용하여 만든 음식입니다. 처음 먹어본 '벚굴'은 벚꽃 필 즈음에만 먹을 수 있습니다. 민물과 바닷물이 교차되는 섬진강에서 자라는 손바닥만한 굴입니다. 바다에서 자라나는 굴에 비하여 짠 맛이 덜합니다.

비릿한 '벚굴' 맛을 정갈한 매실 장아찌로 입가심하고 매화마을을 둘러보았습니다. 시간을 가지고 산 정상까지 오르면서 백매, 홍매, 청매를 보고 매화 향을 감별하였습니다. 꽃은 색깔도 다르지만 향기의 진함도 달랐습니다. “꽃향기가 왜 이리 달지?”라던 친구의 말이 생생합니다. 달달한 꽃향기에 들뜬 마음도 흩뿌려집니다.

지금 눈 나리고
매화향기 홀로 아득하니
내 여기 가난한 노래의 씨를 뿌려라
다시 천고의 뒤에
백마 타고 오는 초인이 있어
이 광야에서 목놓아 부르게 하리라
– 「광야」, 이육사 –

산 정상에서 바라본 섬진강과 매화마을 풍경은 매화향기를 더 은은하게 만듭니다. 매화꽃이 눈처럼 하얗게 쌓였던 그곳을 잊지 못합니다. 날씨가 따뜻해서 그런지 돌아오는 길에 본 매화꽃은 더 활짝 피었습니다. 자연의 쉼을 마음껏 누릴 수 있는 섬진강의 매화마을, 호남과 영남이 즐겁게 만나는 지점, 그곳에서 우리나라도 뜨겁게 하나 되길 소망합니다.

# 4
# 경계인을 넘어서

나는 하루하루를 고독한 경계인으로 살아간다.

그게 나의 정체성이다.

그럼에도 나는 이 땅에서 뭔가 의미 있는 일을 하면서 살고 싶다.

나 같은 사람이 이 사회를 위해 할 수 있는 일은 무엇일까?

– 박찬운 –

4. 경계인을 넘어서

## 도서관 추억 1

추적추적 겨울비가 내리는 날 떨어진 낙엽을 밟으면서 도서관을 다녀왔습니다. 이렇게 책을 좋아하고, 책을 빌려오는데 왜 이리 기쁜지 생각을 더듬어 보았습니다.

저의 첫 도서관은 초등학교의 옆, 꽃동산이라 불리는 곳에 있었습니다. 꽃동산 근처에서 초등학교 선생님이시던 한 분의 콧노래를 들었습니다. 딱 눈이 마주치자 절 보고 빙그레 웃으시던 모습이 지금도 생생합니다. 꽃동산에 있던 도서관에서, 초등 고학년 때 속독을 배웠습니다. 제게는 속독보다는 슬로우 리딩이 체질상 맞지만, 어린 시절에 배운 속독으로 책을 가까이 한 것은 사실입니다.

우리 집 아래채는 방이 세 개 있었습니다. 두 칸이 학교도서관 같았습니다. 한 방은 아버지가 붓글씨를 쓰시고, 한방은 삼면이 책으로 가득 차 있었습니다. 아버지의 방에서 흘러나오는 묵향이 어린 제게 그리 좋은 것은 아니었습니다. 하지만 해가 잘 들고 방이 따뜻하여서 배를 깔고 누워 책을 읽었습니다. 관심분야는 탐정소설, 미래과학소설류였습니다.

최근 상영된 '마션'같은 영화를 보면 아직도 가슴이 두근거립니다. 미래과학 변화에 민감한 저의 감성 때문입니다. 지금도 생생하게 기억되는 38년 전, 책의 내용은 화상전화에 관한 것입니다. 한국에 있는 사람이 미국에 있는 사람과 서로 보면서 통화할 수 있다는 사실. 상상할 수 없던 일이 지금 그대로 이루어졌습니다.

상상하길 좋아한 저는 언니들이 읽던 세계여성위인전도, 세계고전명작에 나오는 야한 부분도 다 골라 읽었습니다. 방에 누워 책을 읽으면 엄마가 아무것도 시키지 않았습니다. 밖에서 발자국소리가 들리면 앉아 진지하게 책을 읽는 척 했습니다.

엄마는 문을 열어보시고 "그래 책 읽어라."하면서 나갑니다. 아마 아랫마을 점방에 가서 두부, 성냥, 달걀을 사오라고 심부름 시킬 것을 미루는 것이겠지요. 저보다는 언니들을 시켰거나 엄마가 직접 다녀왔을 것입니다. 아버지 방에는 책이 많았고, 그 방에서 누워 책을 읽고 상상하고 공상하는 일이, 어린 시절의 대부분을 차지하고 있었습니다.

붓글씨를 새벽부터 몇 시간씩 쓰는 아버지는 먹을 많이 필요로 하였습니다. 나중에는 손이 아프다고 먹을 가는 기계를 샀습니다. 저도 먹을 갈아드렸습니다. 대학 다닐 때까지 갈아드렸으니까요.

먹을 가는 장소에는 책이 가득 쌓여 있었습니다. 먹을 가는 기계가 있었지만, 아버지는 손으로 갈아야 먹물이 곱게 나온다고 갈아주기를 몇 번 부탁하였습니다. 먹물이 손이나 옷에 튈까봐 그 때는 먹을 가는 일이 별로 행복하지 않았습니다. 아버지와 먹을 갈 때는 이런저런 이야기를 주고받았습니다.

어느 분야, 어떤 것을 물어봐도 척척 답을 해주어서 아버지와 함께 있는 시간은 좋았습니다. 윗사람을 신뢰하며 어떤 질문도 스스럼없이, 거침없이 할 수 있는 것은 아버지와의 관계가 좋아서 그럴 것 같습니다. 지금도 그 부분은 살아가는데 많은 도움을 줍니다. 참 감사하게 생각합니다.

어린 시절의 추억 때문인지 여전히 도서관 가는 것이 좋습니다. 집에서도 책으로 쌓여진 공부방이 가장 편안합니다. 책이 많은 곳은 푸근하고 영혼이 살아나는 느낌을 받습니다. 어떤 에너지를 충전 받고 보살핌을 받아 평온합니다.

책을 좋아하는 사람을 만나면 오랫동안 알았던 친구를 만난 것처럼 즐겁습니다. 어떤 한 가지를 꾸준하게 하는 사람을 만나도 정겹습니다. 어린 시절의 영향인 것 같습니다.

'도서관과 책', '묵향 앞의 대화'는 아버지와 아버지 안경너머의 눈을 보고 만나는 것 같습니다. 제게 도서관은 '유년의 기쁨'이자 '세상과의 만남'이었습니다.

이제는 제가 도서관을 위해서 작은 뭐라도 해야겠다는 생각을 하게 됩니다. 이번 주부터 슬로우 리딩 독서모임, '휴휴'를 시작합니다. 우선 지인 다섯 명을 모았습니다. 책을 읽고 소통하고 싶습니다. 우리의 대화가 세상과의 만남이 되었으면 좋겠습니다.

4. 책과 나

## 도서관 추억 2

외국에 살면서 가장 인상 깊었던 도서관은 영국이었습니다. 걸어서 5분 거리에는 도서관이 있었습니다. 지금으로 말하면 작은 도서관입니다. 어린 아들을 데리고 도서관에서 많이 놀았습니다. 도서관은 책뿐만 아니라 아이들이 가지고 놀 수 있는 인형이나 장난감도 있었습니다. 어린이 코너는 아이들이 뛰어 놀거나 숨을 장소로 디자인되었습니다.

곁에서 책을 보고 있던 성인들은 아이들이 떠들거나 소리를 쳐도 다들 웃어넘겼습니다. 어린 아이들은 도서관에서 책을 가지고 즐겁게 놀았습니다. 저도 어린 아들을 도서관에 자주 데리고 갔습니다. 간혹 아들이 떼를 쓰거나, 책을 읽기보다는 노는 것에 열중해도 영국인들은 웃음으로 넘겨줘서 눈치 보지 않고 도서관을 즐겁게 다녔습니다.

영국도서관에서는 한사람에게 10권씩 한 달 동안 빌려주었습니다.(지금은 어떻게 변했는지 모릅니다.) 저희 가족은 세 명이었기에

30권을 빌려와서 한 달 동안 읽었습니다. 책을 사지 않아도 될 수 있는 양과 기간이었습니다. 어떤 책은 하도 많이 읽어줘서 책을 통째로 외운 것도 있었습니다. 아들이 책을 좋아하는 이유는 어린 시절 자주 가던 도서관이 책만 있는 곳이 아니라, 뛰뛰 빵빵하면서 기차와 놀던 곳이었기 때문입니다.

미국 도서관의 기억은 책을 저렴하게 살 수 있는 것이었습니다. 조금 흠이 있거나 오래된 책은 도서관 밖에서 1달러씩 팔았습니다. 영어를 배우는 아이들이 있던 저희 가족에게는 저렴하게 책을 살 수 있는 기회였습니다. 저는 찬찬히 둘러보는 것을 좋아하기에 그곳에서 행운의 책을 사게 되었습니다. 영국에서 살았던 도시, 코벤트리를 목판화로 찍어 놓은 책인데, 책값만도 30파운드(한화 5만3천 원 정도)였습니다. 단돈 1달러에 산 것입니다. 그 책으로 영국, 그 지역의 추억을 산 것입니다. 생각만 해도 즐거운 도서관의 추억입니다.

미국도서관은 봉사활동의 연결고리를 맡고 있었습니다. 외국에서 유학 온 아이나 성인에게 미국 본토사람이 영어를 가르쳐주거나, 다른 만남을 주선해주는 프로그램이 진행되고 있었습니다. 영어나 독서, 또는 다른 재능을 기부하고 싶은 사람에게 도서관의 공간을 제공해주고 있었습니다. 도서관은 만남의 장소, 나눔의 장소였습니다.

말레이시아의 도서관 추억은 눅눅함 그 자체였습니다. 열대지역이라서 그런지 그 나라의 수도, 가장 큰 도서관에서도 퀴퀴한 냄새가 났습니다. 도서관을 지속적으로 이용하려다가 그만 두었습니다. 하지만 도서관에서는 화가들이 미술을 가르치고 문화행사가 열렸습니다. 저는 집에서 가깝고 시설이 더 좋은 아이들의 학교도서관을 이용하게 되었습니다. 미국식 학교라서 그런지 도서관에는 한국 책도 많았습니다. 덕분에 외국에서 더 많은 한국 책을 읽게 되었습니다.

외국도서관처럼 기억에 남는 도서관은 북수원도서관입니다. 지식정보도서관이고 미술 분야를 전문적으로 다루는 도서관이었습니다. 매주 도서관 1층에서는 미술전시회가 열렸습니다. 도서관에 갈 때마다 미술전시나 그림책 전시 또는 동아리의 작품을 감상할 때는 도서관이 전시관이 되었습니다. 걸어서 3분 거리에 있던 북수원도서관은 인문학강좌를 듣던 곳이었습니다. 밤이면 매주 열리는 인문학 강좌에서  많은 것을 배웠습니다.

텅텅 비어있는 상가, 지어지고 있는 아파트, 풀로 방치되어 있는 토지는 현재 전북 혁신도시의 모습입니다. 문화의 공간·만남의 공간이자 인문학의 강좌를 듣던 도서관이, 지금 가장 그립습니다.

4. 책과 나

## 친구의 시집을 받고

함께 공부하다가 만난 친구가 시집을 내었습니다. 친구는 카카오스토리에 제가 글을 쓸 때 마다 댓글을 달아서 시를 쓰도록 격려해 주었습니다. 한 사람이 성장하고 변화되는 것을 지켜보는 것은 큰 즐거움입니다. 가까운 지인의 성장은 저의 성장을 돕기도 합니다. 친구는 13살 연하입니다. 스승처럼, 친구처럼, 때론 친동생처럼 다가옵니다.

어린 시절 아버지는 아버지보다 상당히 나이가 많은 분과 격의 없이 지냈습니다. 왜 나이가 많은 분께 그렇게 반말을 하냐고 물어보면 붕우라서 그렇다고 하였습니다. 위아래 7살 전후는 친구처럼 지내도 된다고요. 그 후로 친구를 사귐에 있어서 나이가 주는 권위에 눌려 친구의 영역을 좁히지 않게 되었습니다.

시인 친구는 언제나 당당하게 제게 조언하였습니다. 어느 날 아이가 셋 딸린 친구는 고백하였습니다. "시를 쓰고 있지만, 책을 많이 읽지 못해요. 일도 많고, 아이들의 보챔을 들어주려면 한없이 피곤해요. 지치고 힘들어요.” 이해가 되었습니다. 동동거리면서 집안일하고, 아이들 독서교육하고, 어린 세 아이를 키우는 것은 힘이 많이 듭니다. 남편이 집안일을 반반씩 도와주었던 저와는 달리 친구는 혼자서 집안일을 다 해내고 있었습니다. 10여 년 전, 동동거리던 저의 모습이 친구에게서 보입니다. 친구와 저는 시와 직업에 관련된 이야기로 가까워졌습니다. 알수록 종교와 정서도 비슷하여서 함께 공부하는 도반으로 지내게 되었습니다.

자칭 ‘병아리 시인’이라고 부르는 친구는 시집을 내고 싶어 하였습니다. 지금 이런 시를 내도 되냐며, 써 놓은 시들을 제게 보여주었습니다. 함께 시를 읽고 느낌을 말하면서 시를 정리하였습니다. 시를 파트별로 나누고 시어의 느낌을 교환하였습니다.

시인은 부끄럽지 않는 시집을 내고 싶어 하였습니다. 시인의 집에서 시를 읽고 함께 정리하던 때가 전주로 이사 오기 일 년 전입니다. 전주로 이사 오자, 친구는 메일로 간간히 정리한 시를 보여줍니다. 혼자 얼마나 고심하면서 고쳤을지 상상이 갑니다. 일 년이 지나서 친구의 시집이 나왔습니다.

시인은 어린 아이 둘을 재우고, 셋째 어린 아이를 업고 베란다에서성거리면서 시를 썼습니다. 쓴 시를 가끔 제게 문자로 보내주었습니다. 시가 완성되었을 때 다시 시를 보여주고 시의 느낌을 묻곤 했습니다. 시의 배경이나 대상을 자세히 알면서 시를 읽는 저는 가슴이 먹먹합니다. 그냥 써진 시가 아니라는 것을 잘 알기 때문입니다.

빼어난 감각으로 써진 것이 아니더라도 한 자 한 자 고심하면서 고치고 고쳐 쓴 시가 친구의 시였습니다. 친구의 성품을 알기에 친구의 시는 달리 느껴집니다. "친구가 함께 했기에 꿈꾸는 시계가 있었습니다."라는 시인의 친필 시집을 받고 기분이 묘했습니다. 친구의 시집이 나왔을 때 함께 고심하던 글이 시가 되어, 활자화 된 시집을 보니 제가 더 뿌듯합니다.

심장과 심장이 맞닿아
바람만이 지나갈 수 있는
너와 나의 거리에서
너는 빛이며
나를 얽매는 그림자
또 다른 나이며
언제나 어린 생명
나는 엄마
– 「너와 나」, 김현경 –

우리는 누구나 서로 주고받으면서, 기대면서 살아갑니다. 우리의 작은 행동은 누군가에게 격려와 보탬이 될 수 있습니다. 어떤 것을 이뤄내는데 도움을 줄 수도 있습니다.

친구의 시집에는 저의 지지하는 마음도 숨어 있습니다. 제가 쓰는 백제녀 편지 또한 보이지 않는 지인들의 격려와 도움이 배어 있습니다.

시집을 받던 날, 살랑살랑 떨고 있는 꽃잎을 바라봅니다. 꽃잎이 향기를 퍼트리는 것은 바람 때문이겠지요. 친구의 시집을 읽으면서 신선한 바람을 맞이해야겠습니다.

4. 책과 나

## 경계인을 넘어서

목화송이 덩실덩실 춤추듯이 다가온 벚꽃. 꽃의 초대장을 받고 언니와  친구와 걸었습니다. 하늘을 덮어버린 벚꽃 아래는 잔잔한 어린 쑥도, 다 자라버린 쑥도 이슬 머금고 있었습니다. 언니와 한 친구는 쑥을 보면서 예뻐 어쩔 줄 모릅니다.

언니는 말합니다. "꽃을 보러 왔는데 왜 쑥만 보이냐, 나는?" 한 친구가 말합니다. "봄에는 항상 칼을 가지고 다녀. 언제든지 틈이 날 때 쑥을 캐려고." 또 다른 친구는 말합니다. "왜 이리 목련꽃이 이쁘다냐, 광목에 풀을 먹여서 매달아 놓은 것처럼 색감이 참 곱다." 쏟아지듯이 피어오른 꽃의 탄성은 사방을 꽃빛으로 물들입니다.

쑥과 꽃에 열광하는 언니와 친구 사이에서 서성거리는 저를 봅니다. 최근에 『경계인을 넘어서』를 읽고, 경계인의 삶이란 무엇일까라는 생각이 맴돌았기 때문입니다.

"나는 하루하루를 고독한 경계인으로 살아간다. 그게 나의 정체성이다. 그럼에도 나는 이 땅에서 뭔가 의미 있는 일을 하면서 살고 싶다. 나 같은 사람이 이 사회를 위해 할 수 있는 일은 무엇일까?" 작가의 말은 꽃빛으로 투영되고 있었습니다.

톨스토이는 그의 나이 50살 이후로는, 글을 많이 읽지 못하는 사람을 위해서 주로 단편을 썼습니다. 인간본연의 착한 성품을 찾아갈 수 있도록 따뜻한 글을 쉽게 썼습니다. 톨스토이의 작품은 제게 힘이 되었습니다. 나이 오십이 넘으면 세상을 위해 작은 무엇인가라도 해야 한다는 생각을 품게 되었습니다.

하지만 저는 명함 없는 주부입니다. 이런 저를 꾸준하게 격려해 주신 분이 박찬운 교수입니다. "글을 계속 읽으면서 끊임없이 교정해야 한다. 댓글도 계속 수정해야 한다. 꾸준하게 글을 쓰면 박완서 같은 작가가 될 수 있다."라며 댓글을 통해 글쓰기의 기본을 알려주었습니다. 이 분의 책 『경계인을 넘어서』를 읽어보니, 경계인이란 말이 낯설지 않습니다.

"말과 글로 쉽게 설명하는 능력이 있고, 그 능력을 사용하여 용기 있게 사회가 가지고 있는 부조리를 고발하고, 우리가 가야할 길을 이야기하면서 인생 후반부를 살고자 한다. 자유롭고 독립적으로 살기 위해서는 비판, 저항, 창조 정신이 있어야 한다."라고 저자는 말합니다.

저자는 나는 누구인가? 우리는 누구인가? 왜 우리는 이렇게 살아야 하는가라는 삶의 의문을 제기하는 비판적 자세를 강조합니다. 부당한 권위에 저항하려면, 빅브라더의 감시 하에 살지 않으려면 저항 정신이 있어야 한다고 말합니다. 또한 "나는 다르다, 나는 누구와도 다르다."는 생각을 가지고 새로움을 창조하라고 말합니다.

독립적으로 자유롭게 살기 위해서는 '생각은 깊게, 생활은 단순하게 하라'고 권합니다. 경계인이 되어 서성거렸던 눈부신 꽃그늘은 더 다채롭습니다. 꽃향기 아래서 언니와 친구에게 이 책을 통해 배운 몇 가지를 알려주었습니다.

언니는 이제 환갑을 맞이합니다. 눈이 침침하니 그림도 있고 글자는 많지 않는 책을 사고 싶다며 10권만 골라 달라고 합니다. 친구는 이 나이에 책을 선물로 받으니 너무 좋다고 합니다.

한 친구는 "직장에 처음 들어가면서 매달 책을 샀었는데"라며 책 읽는 방법을 알려줘서 고맙다 말합니다. 이제부터는 매달 한권씩 책을 사서 읽겠다고 합니다. 다른 친구는 "시절인연이라고 새로운 세계를 알게 된 오늘이 좋다."고 합니다.

『경계인을 넘어서』란 책을 읽고, '쉼과 열정'을 꽃길 따라 나눈 것입니다. 명함 없는 주부인 제가 자유롭고 독립적으로 살면서 잘 할 수 있는 일입니다. 꽃을 보고, 쑥을 보며 뛰었던 열정이 책을 이야기하면서도 열릴 수 있음을 보았습니다. 몽실몽실한 꽃이 제게서도 피어납니다.

4. 책과 나

## 모교 방문

두 학기동안 '성학집요'를 함께 공부한 지도교수를 만나고 싶었습니다. 인사도 드리고 요즈음 근황도 알려드릴 겸 학교를 방문하려고 전화를 드렸습니다. 후배들과 함께하는 '에코포럼'에 참석하라 십니다. 지도 교수와 후배들은 방학 중에 모여서 '철학으로 읽는 옛집'과 영어원서를 공부하고 있었습니다. 밝은 표정의 쟁쟁한 연구자 11명이 모였습니다. 생태도시, 경관치료, 경관평가, 생태동물원 등에 관련된 이야기입니다.

전주감영과 전주사대문 복원을 위한 이론적인 정리를 해보고 싶어서 지도교수는 '에코포럼'을 열었답니다. 전주 도심의 활성화를 위한 한옥마을과 전주감영의 복원화에 대한 이야기도 나옵니다. 사회가 건강하려면 역사적인 유산이나 유물이 같이 공존하고 같이 살아가야 한답니다.

『철학으로 읽는 옛집』에서는 이언적의 독락당 이야기가 나옵니다. 시로 지어진 건축, 은둔을 위한 미로의 독락당을 논어의 경(敬)

사상에 기초하여 설명합니다. 마음의 근본을 구현하고 자연과 더불어 하나가 되는 그런 경관을 만들자고 합니다. 이 모든 것을 성리학의 경(敬) 사상에 입각하여, 논어, 대학, 맹자 말씀을 들어가면서 재미있게 설명합니다.

'에코포럼'이 끝난 뒤에 교수님의 연구실로 들어갔습니다. 공부하는 후배들이 정겹습니다. "마음으로 웃어야 웃는 거지요."라는 글귀가 보입니다. 항상 웃고 계시는 교수님처럼 환합니다. 가지런한 나무 탁자에 앉아서 요즈음 근황을 말씀드렸습니다. 올해는 이러저러한 것을 하고 싶다고요.

"주일무적(主一無適 )이 뭔지 아니? 마음을 한군데에 집중(執中)하여 잡념(雜念)을 버리는 거야. 너무 많은 것을 하지 말고 그냥 한 가지만 하려고 해봐. 일이관지(一以貫之), 하나의 이치로써 모든 것을 꿰뚫는다는 뜻이지. 많은 것을 하려고 하지 마. 하던 것을 정지해 봐. 나도 많은 것을 하기보다는 한 가지만 생각하고 그것을 해보니까 모든 것이 하나로 통하더구먼."

지도교수는 이황 한 분을 아는 것으로 족하답니다. 이황이 보는 성리학, 도산서당 하나만 제대로 알고 싶답니다. 예전에는 밤새워 책을 읽고 많은 것을 알아보려 노력했지만, 지금은 그 중에 어느 한 가지를 택해서 그것만이라도 제대로 알고 싶답니다. 여러 개를 알려고 하면 나중에는 어느 한 가지도 기억이 나지 않는다고요.

"허심평기(虛心平氣) 숙독정사(熟讀精思), 무슨 말인지 아는가? 마음을 비우고 기운을 평안하게 하고 많이 읽기보다는 생각을 깊이 하라는 거지. 많은 것을 하지 말게. 한 가지를 하더라도 정교하게 파고들어보게."

교수님은 이해인 수녀님의 '친구야 너는 아니'라는 시를 읊어주십니다. 요즈음 사모님과 매주 이태석 신부님의 묘지에 가서 기도한다고요. 예전에는 산을 오르고 난 뒤에 목욕을 했는데, 요즈음에는 산에 오르기 전에 목욕을 하고 오른답니다. 삶속에서 하느님을 느낀다면서 어디를 가든 매번 화살기도를 한다고요.

마음이 편안해지고 눈이 맑아집니다. 제 안의 것을 먼저 묵상하고 성찰할 수 있는 대화였습니다. 더 깊이 저를 찾아보라는 말씀. 글을 쓰기보다는 먼저 조용히 내면을 묵상하라는 말씀. 교수님의 다정한 이야기를 들으면서 저를 바라보는 계기가 되었습니다. 아픈 눈이 갑자기 밝아집니다. 희한한 일입니다.

새로운 길을 찾아 떠날 때, 방향을 잡을 수 있도록 속 깊은 이야기를 들어줄 분이 있다는 것은 축복받은 인생입니다. 단순하고 평화로운 삶! 가르치는 모든 것에 열정을 다하는 스승님! 저도 언젠가는 그 누군가에게 그리 되고 싶습니다. 어둠 빛이 내릴 즈음 정든 모교를 떠났습니다. 마음이 따뜻해진 참 좋은 날입니다.

4. 책과 나

## 이웃은 기댈 나무요, 숨고 쉴 숲이다

갑자기 찾아온 한파에 집에서 이것저것 정리를 하고 있었습니다. 사진 한 장이 카톡으로 날아옵니다. 22년 전의 사진입니다. 다섯 가족이 모여서 배드민턴 대회를 하고 상을 받았던 야유회 사진입니다.

"준태 엄마, 잘 있어요? 지금 어디 살아요? 미국에서 수혁엄마가 갑자기 이 사진을 보내왔어요. '응답하라 1988'을 보고 있다고요. 그때 생각나요? 수혁이는 뉴욕의 월가에 진출했대요. 일건이는 서울대를 다니고, 예림이는 미술대학에 다녀요. 아이들이 이렇게 컸어요."

봉식엄마는 쉬지 않고 이것저것 지난 세월을 이야기합니다. 주변의 근황도 상세하게 알려줍니다. 시간이 많이도 흘렀습니다. 잠시 회상해 봅니다.

결혼 후 수원으로 이사를 했습니다. 얻은 집은 다세대 3층 주택이었습니다. 총 다섯 가구의 신혼부부였습니다. 주인집 아저씨는 인심 좋은 전주 사람이었고, 아줌마는 웃음을 잃지 않는 충청도 분이었습니다. 3층에는 건축가이자 건축주인 주인집이 살았습니다. 그분도 신혼이었습니다. 2층에는 두 집이 세를 살았는데 한 가족은 부산·서울 분이었고, 다른 분은 경기도 분이었습니다.

지층(반지하)이라고 불리는 1층에는 우리가족과 강원도 분이 살았습니다. 인심 좋은 주인댁은 자주 우리를 불렀습니다. 모두 고향음식을 가지고 가서 함께 먹었습니다. 달빛 아래서 수박도 먹고, 아이를 유모차에 태우고 산책하던 것은 아련한 추억입니다.

고만고만한 아이들이 태어나고, 옹알이 하는 것, 뒤집고 배밀이 하는 것, 아이들이 한발 한발 떼며 걷는 것도 흥미로웠습니다. 아이들의 변화는 가족뿐만 아니라 온 세대의 변화와 기쁨이었습니다. 새댁 다섯 명이 다세대주택에서 오순도순 모여 살았던 기억은 아직도 생생합니다.

저희 가족은 그 집에서 2년을 살고 영국으로 이사를 갔습니다. 영국에서 살던 집은 3층집이었습니다. 1~2층은 우리가 쓰고, 3층은 프랑스 학생이 살았습니다. 프랑스 학생은 아들을 좋아해서 식사할 때는 아들을 무릎에 올려놓고 먹었습니다. 프랑스인이지만 우리와 같은 정서를 공유할 수 있었습니다.

이번에 만난 이웃집은 전형적인 영국인 부부입니다. 우리 집 부엌에서는 옆집 부엌이 그대로 보입니다. 다른 집은 커튼을 쳐서 집안이 보이지 않는데, 이 집은 항상 커튼을 걷고 있었습니다. 창문을 사이에 두고 부엌에서 만나면 안부도 묻고 무슨 요리를 하는 지를 물었습니다.

어느 날 옆집 부부가 우리를 초대하였습니다. 이웃집 남편 분이 물었습니다. "너희 가정에서는 왜 남자는 부엌에서 보이지 않니?" 놀란 남편이 말을 합니다. "나는 공부를 해야 하고, 우리나라에서는 주로 부인이 부엌일을 한다. 남편은 주로 밖에서 일을 한다. 부라부라~~~~"

듣고 있던 영국인은 말하였습니다. "그래도 너는 항상... 매번 식사를 하잖니? 최소한의 것은 도와야한다고 생각하지 않니?" 더 이상 할 말을 잊은 남편은 그 다음부터는 집안일을 반반씩 합니다. 딱딱하게만 보인 옆집 영국인은 의외로 따스했습니다. 영국에서 차를 처음으로 샀습니다. 어디에서 기름을 넣을지 모르는 남편 차에 처음으로 타서 주유소도 가주었습니다.

정원에서 만나면 여러 가지 생활의 팁도 알려주고 영국음식도 나눠먹었습니다. 티나라는 옆집 중학생은 아들을 예뻐하여서 주말마다 유모차로 산책을 시켜주었습니다. 놀이터에 가면 항상 티나와 티나 친구들이 모여서 아들을 돌보아주었습니다.

어디에 살든 이웃의 정은 한국의 정과 비슷하였습니다. 아파트에 살게 되면서 사람과 사람과의 관계에 대해서 무던해질 즈음 '응답하라 1988' 프로그램은 이웃과의 관계를 돌아보게 합니다.

신영복 선생님은 말하였습니다. "나무가 나무에게 말했습니다. 우리 더불어 숲이 되어 지키자."

요즈음 젊은 사람들은 우리나라를 헬조선이라 부릅니다. 살아가기가 팍팍하다는 것입니다. 다섯 가정의 아이들은 이제 장성하여 각자 사는 곳은 다르지만 작은 나무, 작은 숲이 되었습니다. 가까이에 있는 이웃이 기댈 나무요, 숨고 쉬어갈 숲임을 절실하게 깨닫는 겨울 아침입니다.

4. 책과 나

## 영화, 동주

장안의 화제가 된 〈동주〉라는 영화를 친구들과 보았습니다. 이 영화를 보고 싶다고 먼저 말한 저는 친구들의 느낌이 궁금했습니다. 조심스럽게 물어보았습니다.

한 친구는 "우리가 살고 있는 세상이 얼마나 좋은 세상인가. 지금 우리가 누리고 있는 자유가 얼마나 축복인가."를 말하였습니다. 다른 친구는 "윤동주의 여린 마음이 느껴져서 가슴이 먹먹하다."고 합니다. 저는 "동주가 느꼈을 지식인의 고뇌가 느껴진다."고 말했습니다.

친구들과 헤어지고 난 뒤에 윤동주에 대해서 찾아보았습니다. 송몽규와 윤동주는 같은 해에 태어나서, 같이 공부하고, 같은 해에 '의문의 주사'를 맞고 죽음을 맞이했습니다.

두 사람의 친구였던 문익환은 말합니다. 동주는 고종사촌인 송몽규에게 열등감이 많았다고요. 중학교 때 동아일보의 신춘문예에 당선된 송몽규 앞에서, 수학을 잘 했던 동주는 '대기만성'이라는 말을 많이 사용하였답니다.

동주가 참여하는 모임에서는 모든 분쟁이 평화로웠다고 문익환은 회상합니다. 시를 좋아했던 동주의 차분한 성품을 짐작할 수 있었습니다. 윤동주의 시, 「사랑의 전당」, 「눈오는 지도」, 「소년」에는 순이라는 이름이 나옵니다.

강물 속에는 사랑처럼 슬픈 얼굴
아름다운 순이의 얼굴이 어린다
소년은 황홀히 눈을 감아 본다
그래도 맑은 강물은 흘러 사랑처럼 슬픈 얼굴
아름다운 순이의 얼굴은 어린다
– 「소년」, 윤동주 –

한 여인에 대한 사랑이 살포시 드러납니다. 사랑을 하고 인생을 계획할 나이에 동주는 암울한 시대를 살았습니다.

그는 서서히 개인적인 삶에서 식민지 지식인의 삶에 대해 눈을 뜨고 고뇌합니다. 「무서운 시간」이라는 시에서 그는 이렇게 말합니다.

거 나를 부르는 것이 누구요,
가랑잎 이파리 푸르러 나오는 그늘인데,
나 아직 여기 호흡이 남아 있소.
한 번도 손들어 보지 못한 나를 손들어 표할 하늘도 없는 나를
어디에 내 한 몸 둘 하늘이 있어 나를 부르는 것이오.
일을 마치고 내 죽는 날 아침에는
서럽지도 않은 가랑잎이 떨어질 텐데……
나를 부르지 마오.

동주는 연희전문대학에서 쓴 18편의 시와 서시를 자필로 써서 3권의 시집을 만들었습니다. 『하늘과 바람과 별과 시』라는 시집입니다. 일기를 쓰듯이 자신을 성찰하면서 쓴 시입니다. 한 부는 후배인 정병욱에게 맡기고, 한 부는 그의 스승인 이양하 교수에게, 한 부는 일본유학을 가면서 가지고 갑니다.

정병욱은 광양 망덕포구에 있는 그의 어머니에게 동주의 원고를 맡깁니다. 정병욱의 어머니는 일본식 건물인 주조장의 마루바닥을 뜯어서 그 시집을 보관했습니다.

유일하게 그 시집만 남아 있습니다. 일제강점기의 사찰 위험을 감수했던 정병욱 어머니의 정성으로 빛은 바랬지만 생생하게 시인의

시와 자필원고를 볼 수 있습니다.

모가지를 드리우고
꽃처럼 피어나는 피를
어두워 가는 하늘 밑에
조용히 흘리겠습니다.
– 「십자가」, 윤동주 –

적극적인 행동으로 독립운동은 못했지만 얼마나 갈등하고 저항했는지를 엿볼 수 있습니다. "밤이면 밤마다 나의 거울을 손바닥으로 발바닥으로 닦아보자"라는 「참회록」의 시를 보면, 자신의 삶을 철저하게 반성, 성찰하고 있습니다. 두렵고 떨림으로 고뇌하던 시인 동주. 부끄럼 없이 살려고 노력한 그를 보면서 가슴이 아렸습니다.

우리가 살고 있는 이 세상은 윤동주 시인같이 알려진 분과, 흔적도 없이 사라진 많은 분의 고난과 희생을 통해서 이루어졌습니다. 부끄러움을 알던 젊고 순한 그의 피로 만들어진 세상에 지금, 우리가 서 있습니다. 소리 없이 죽어간 많은 분을 더 기억해야겠습니다.

4. 책과 나

## 그림책 한 장면의 의미

『책만 보는 바보』를 읽고, 평생 공부하는 독서모임을 갖고 싶었습니다. 독서가 삶이 되고 그것을 나눌 사람을 찾고 있었습니다. 알고 지내던 독서치유, 독서심리 분야의 전문가와 시인, 방송작가, 교사 등이 모여 『한국독서문화협회』를 만들었습니다. 2달에 한 번씩 서울에서 세미나를 합니다. 거리가 만만치 않지만 즐겁습니다.

이번에는 그림책 『빨간 나무』를 읽고, 그 중 '한 장면'을 골라서 자신의 현 상황과 그 사진을 고른 이유를 돌아가면서 말했습니다. 마음 가는 한 장을 골랐습니다. 검은 나뭇잎으로 방 안이 꽉 차있는 장면입니다. 아이는 온 힘을 다해서 문을 열고 나가려 합니다.

저의 모습 같습니다. 올 초부터 극심한 안구 건조증으로 혼자 운전을 할 수도, 누군가를 만나서 눈을 맞추고 대화도 할 수 없었습니다. 휴휴(休休) 독서모임에서는 있는 그대로의 저를 드러냈습니다. 가족과 한국독서문화협회 친구와 몇몇 지인과 주로 소통했습니다.

유튜브로 강의 듣는 것은 유일한 즐거움이었습니다. 밤에는 운전하다 사고가 날 뻔했습니다. 몇 번 지켜보던 남편은 일체 운전을 못하게 하였습니다.

『빨간 나무』처럼 어두운 나뭇잎이 마음에 차곡차곡 쌓입니다. 답답했습니다. 눈을 감고 걸었습니다. 벽에 부딪혔습니다. 넘어졌습니다. 아무에게도 말할 수 없는 고통이었습니다.

『빨간 나무』의 한 장면처럼 검은 나뭇잎은 매일매일 머리 위로 내렸습니다. 극복하기 힘든 답답함은 바로 참담함이었습니다. 스스로 벗어날 수 없는 사람들의 처지에 대해서 진지하게 생각해보았습니다. 그들의 처지를 조금이나마 이해할 수 있었습니다.

눈이 조금씩 좋아져서 5월부터는 독서놀이 수업을 시작했습니다. 올 초부터 8월까지, 한 달 정도만 정상상태의 눈이었습니다. 모임이나 수업 전에는 2~3시간 동안 눈을 감고 있어야 했습니다. 모임 하나하나에 정성을 들였습니다.

어린 왕자처럼 '마음으로 볼 수 있는 비밀'을 알아가게 되었습니다. 옛날 어른들이 말했던 '나이 들면 마음의 눈으로 본다.'라는 말을 이해할 수 있었습니다.

『빨간 나무』의 아이처럼 살아있다는 것을 확인하고 싶었습니다. 첫 시도는 퀼트였습니다. 눈이 아팠지만 색색으로 만들어지는 소품은 기쁨을 찾아가는 과정이었습니다. 그러나 그 다음날부터 하루나 이틀 정도는 눈을 꼭 감고 있어야 했습니다.

침을 맞고, 물을 보약처럼 마시고, 시간나면 눈을 감고 쉬었습니다. 간에 좋다는 보약도 먹었습니다. 집에만 있을 수 없었습니다. 활동하고 싶었습니다. 에어콘이 가동되는 도서관에서 캘리그래프와 요가를 배웠습니다. 가까운 교회에서 합창을 시작했습니다. 사회로부터 격리되고 싶지 않았습니다. 소외를 벗어나기 위한 몸부림이었습니다.

한두 번 만나는 사람은 저의 처지를 잘 모르고 그냥 한마디씩 툭 툭 던집니다. 구구절절 설명하기 싫었습니다. 『빨간 나무』에서 아이는 어둠을 뚫고 나가는 전사처럼 문을 열고 나갔습니다. 환경에 굴하지 않았습니다. 빛을 향해 나간다는 것은 희망을 붙잡을 수 있는 기회를 얻는 것입니다. 지금은 안보일지라도 어디엔가는 출구가 있다고 확신하는 것입니다. 작은 것이라도 찾아 행동하는 것입니다. 그 아이를 위해서 밖에서 문을 열도록 도와준 어떤 사람도 있었을 것입니다.

언니와 친구들은 눈으로 집착되는 마음에서 벗어날 수 있도록 제게 속삭여 주었습니다. 그림책 한 장면을 가지고 『한국독서문화협회』 회원들과 삶의 이야기를 나누었습니다.

짧은 시간이었지만 서로의 마음을 쉽게 이해할 수 있었습니다. 그림책 한 장면을 살펴보면서, 가슴이 뻥 뚫리는 체험을 했습니다. 나의 친구님도 마음이 답답하다면 그림책 한 권 읽어보는 것은 어떠신지요?

4. 책과 나

## 촉촉함으로 가을을 말하다

“우리 나이에, 이런 나이에, 중년의 우울함을 겪지 않는 사람은 없어”라는 친구는 덕수궁 주위를 돌면서 가을을 느끼는 중이랍니다. 저의 가을을 돌아보았습니다. 몇 개의 수업과 글쓰기를 하며 가을을 보내고 있습니다.

이번 주는 전주 주부학교의 성인 문해반 (한글을 배우는) 수업에 들어갔습니다. 그림책으로 마음을 여는 강의입니다. 현관에는 글을 깨우친 후, 자신의 감정을 써 놓은 시가 있습니다. 수업 전, 학생들의 시를 읽어보았습니다. 가슴으로 쓰신 시입니다. 눈가가 촉촉해집니다.

내가 공부를 하면서
세상을 보는 시야가 좀 더 넓어진 것 같다
거리에 간판도 다 들어오고
은행가서 볼일도 척척
배운다는 것이 이렇게
좋을 줄이야

날마다 신나는 세상
날마다 행복한 인생
(넓게 보이는 세상, 김○○, 75세)

강의실로 들어가니 환합니다. 배움의 열기로 따뜻합니다. 어르신의 눈을 보았습니다. 반짝거립니다. 열정으로 한을 극복하신 분입니다. 제 안의 모든 것을 꺼내 드리고 싶었습니다. 하지만 그분들은 누구도 빼앗지 못할 '배움의 즐거움'을 알고 계셨습니다. 이미 '환한 세상'을 보고 계셨습니다.

길을 걷다 보면 거리에
간판을 읽을 수 있어서 좋고
차를 타고 골목길을 돌아다닐 때도
이것저것 눈에 다 들어온다
이 세상이 환해졌다
내가 눈을 뜬 것이다
(환한 세상, 김○○, 71세)

함께 수업하는 시간, 한 분 한 분의 표정과 말씀, 그분들이 쓰신 글은 울림이었습니다. 공부하면서 세상을 보는 시야가 넓어지고, 다 들어오는 간판 글씨, 은행일도 척척 할 수 있다는 그분들을 보며 울컥했습니다.

70세 전후이신 한 할아버지는 글을 열심히 배워서, 더 나이 드신 분들에게 간판 읽는 법을 가르쳐주고 싶다 하십니다. 말을 잃었습니다. 먹먹합니다. 가을은 더없이 촉촉합니다. 눈과 맘이 환해진 강의실입니다.

지금까지 저는, '글을 읽을 수 있다'는 것에 어떠한 감사함도, 소중함도, 느껴보지 못하고 살았습니다. 어르신의 말에 집중하였습니다. 틀릴까봐 수줍어하는 말씀 하나하나가 바로 시였습니다. 제 마음도 물컹거립니다.

다음날은 저의 페친이자 스승인 채형복 교수를 저의 도서관 수업에 초대하였습니다. 자칭 무명 시인입니다. 시를 읽으면서 시가 쓰인 배경과 느낌에 대해 이야기를 주고받았습니다. 시인의 내면과 사상 등을 알 수 있었습니다. 시인의 진중함과 대중을 대하는 소박한 진심이 수강생에게 잘 전달되었습니다.

수강생 한 분은 멀리 대구에서 오신 시인을 '탐나는 남자'라고 불렀습니다. 참석한 모두가 행복하게 웃고 마음을 다독이는 시간이었습니다.

우리의 가을밤은 쓸쓸하거나 고독하지 않았습니다. 심란하거나 우울하지도 않았습니다. 소복이 떨어지는 낙엽이 뿌리를 덮어주듯이 따뜻함을 전하는 시간이었습니다. 싱숭생숭한 가을밤에 채형복 시인은 말합니다.

시인이 아니라서
시를 쓴다.
시를 모르기 때문에
시를 쓴다.
시를 쓸 때마다
시인이 아닌 게
시를 모르는 게
다행이라 생각한다.
시인이므로
시를 알기 때문에
고민해야 하는 고통 없이
마음 가는 대로 쓴다.
내가 쓰는 시는
시가 아닌 시다.

– 「시를 쓰는 이유」, 채형복 –

글을 쓸 수 있는 힘을 이 시에서 얻습니다. 마음까지 전달되는 강의라서 행복했다는 분. 진솔한 강의라서 시간이 금방 지나가 버렸다는 분. 사람 향기와 직접 구워 온 빵 향기에 취했다는 분. 호박으로 꽃으로 장식한 테이블이 추수감사절을 연상시킨다는 분. 이렇게 가을밤은 깊었습니다.

나의 친구님, 가을을 어찌 보낼까 고민하나요? 우울하고 쓸쓸한 가을을 보내느냐, 열정으로 함께 배우느냐는 우리의 선택입니다. 저는 이 가을에 함께 배우고 싶습니다. 세상이 환하게 보이는, 마음이 물컹물컹해지는, 그런 가을을 맞이하고 싶습니다.

# 5

# talk냠talk냠

우리 스스로를 찬찬히 들여다볼 수만 있다면

세계를 읽어 낼 수 있습니다.

– 마루야마 겐지 –

## 5. talk남talk냠

# 천둥소리로 만난 창극

한국소리문화의 전당에서 전라도 의병장, 이석용에 관한 '천둥소리' 창극을 관람했습니다. 임실, 장수라는 친근한 지역 이름, 착착 감기는 사투리, 빼어난 소리꾼으로 구성된 창극단과 무용수들, 도립국악원의 국악 오케스트라는 웅장했습니다.

뮤지컬과 같은 효과를 국악으로 볼 수 있다는 사실에 놀라웠습니다. 사실 별로 기대하지 않고 창극을 보러 갔습니다. 그런데 이곳은 소리의 고장, 명창의 고장 아닌가요.

이렇게 흥겹고 애절한 정취가 우리 국악에 숨어 있다니요. 창극의 절묘한 울림이 아직도 스멀스멀 살아있습니다. 창극단 소속 배우들이 소리하고, 무용수들이 함께 어우러진 무대는 그야말로 꽉 찬 느낌이었습니다. 다른 곳에서 본 어떤 뮤지컬보다도 현대적이며, 감성을 움직였습니다. 함께 창극을 본 경북 안동이 고향이신 분은 이렇게 말하네요.

"전주는 정말 문화와 멋을 아는 예술의 도시네요! 전주시가 이것을 잘 홍보해서 다른 곳에서 오신 분들에게 알렸으면 좋겠네요. 창극은 가장 멋진 무형문화재 아닌가요! 한옥마을에서 받았던 느낌보다 더 좋네요! 국악은 전주가 최고잖아요."

음악을 전공한 서울에서 오신 또 다른 분은 최고의 창극이라고 극찬합니다. 명창들의 애절하고 끈끈한 연기와 위트, 소름 돋는 분연한 외침은 쉽게 지워지지 않으니까요.

전주한옥마을을 방문하는 관광객은 연간 600만 명이라고 들었습니다. 이 분들이 전주의 창극 한 편이라도 보고 가면 좋겠습니다. 창극은 전주의 문화와 깊이가 살아 숨 쉬는 종합예술이니까요.

영국 런던에 가면 관광객들은 세익스피어의 로미오와 줄리엣, 햄릿, 리어왕 등 고전이나 현대적인 뮤지컬을 보고 갑니다. 전주에 오면, 이 고장의 명물인 '창극을 꼭 보고 가야 한다.'라는 문화가 자리잡으면 좋겠습니다.

소리의 고장, 전주 창극은 판소리에 바탕을 두고 있으니까요. 판소리는 중요 무형문화재이며, 2003년 유네스코 세계문화유산으로 지정되었습니다. 이 고장에서 탄생된 흥부가, 놀부가, 춘향가처럼 많은 사람이 소리와 극으로 함께 공연합니다.

창극을 직접 본 오늘은 충격이었습니다. 일제 강점기에 관한 여러 권의 책을 읽었지만, 창극으로 더 많은 것을 배웠습니다. 민초와 의병들의 결연한 정신과 희생은 황토빛 대지 위에서 창극으로 살아났습니다. 소리 가락으로 들려오는 의병장의 외침은 폐부를 뚫고, 아직도 청산되지 못한 조국의 아픔에 분노하며 눈물 흘리게 만들었습니다.

야비함과 고귀함, 절망과 환희, 고통과 희망을 춤과 연기와 소리로 들려준 창극. "아! 슬프다. 조국의 반역자들을 이렇게 무찌르지도 못하고……"라는 이석용의 절규. 힘없이 쓰러져간 기생과 민초들의 희생. 저절로 들썩이게도, 흐느끼게도 했던 움직임이 아직도 심장 속에서 둥둥거립니다. 문화의 고장 전주가 오롯이 각인되는 시간입니다.

5. talk냠talk냠

## 비료창고에서 먹는 음식–삼례

같이 이사 온 친구들은 말합니다. 전북혁신도시로 이사 오니, 교통이 불편하여서 어디를 다닐 수 없다고요. 정착단계이니까 여러 불편함이 산재합니다. 정보도 한정되어 있습니다. 전주가 고향인 저는 정착단계인 전북혁신도시 이주민들의 소리가 그냥 들리지 않습니다. 손님이 주인에게 하소연 하는 듯 괜히 불편하고 미안해집니다.

"삼례성당 바로 앞에서, 국수와 막걸리를 먹으면서 진행되는 문화행사가 있는데, 예약해야만 갈 수 있어요." 우연히 알게 된 분이 말씀하십니다. "이곳에도 문화행사가 있어요."라며 이사 온 친구에게 전해주었습니다.

함께 가보니 허름하고 오래된 비료창고입니다. 창고에서 열리는 문화행사였습니다. 앉아서 실내를 돌아보니, 건실한 목조건축물입니다. 아직도 창고로 쓰일 만큼 튼튼합니다. 일본 강점기에 만들어진 건물입니다. 창고는 목조건물로 천장이 매우 높습니다. 밖에서 보이는 허술함에 비하면 안은 그야말로 목조건축의 아름다움을 여전히 드러내고 있었습니다. 창고 안에서 펼쳐지는 시와 전라도 음식에 관련된 이야기.

다양한 분이 모였습니다. 강사님은 여러 시인의 시를 낭송합니다. 맛 속에 숨겨진 시인의 감성과 시 낭송기법도 알려줍니다.

정호승 시인의 시를 안치환의 노래로 들려줍니다. 민초들의 애환이 담긴 음식 이야기를 시인의 감성으로 읽고 들었습니다. 예리한 감성이 창고 속에 차곡차곡 쌓입니다.

강의가 끝나고 막걸리와 두부김치가 전해집니다. 갓 담은 김치 맛이 입에 착착 붙습니다. 밖에서는 장작불을 지펴 국수를 끓이십니다. 어린 시절 많이 보던 장면입니다. 수돗가에는 장작불에 삶은 뜨거운 국수가 부어집니다.

그 많은 국수를 어찌할 줄 모르는 젊은이들. 옆에서 구경하던 저는 국수를 함께 씻어주었습니다. 맛깔스러운 젓갈 향의 김치를 국수와 먹으면서 드는 묘한 느낌은 오랫동안 가시지 않았습니다. 음식을 나누면서 강의를 듣기 위해 여수와 계룡에서 오신다는 자매분도 알게 되었습니다.

낭송시의 아름다움과 즐거움을 발견했습니다. 시를 낭송하는 팁을 배웠습니다. 부사에 관심을 가져라. 부사는 길게 읽어주거나 쉬어야 한다. 끝과 끝은 끝나지 않는 것처럼 연결하여서 읽어라. 그리 읽다보니 신기하게 다시 들려오는 시입니다.

시와 음식을 노래한 전라도 부뚜막. 전라도의 양식을 수탈하기 위해 삼례역 근처에 세워진 많은 곡식 저장 창고들. 2013년 그 창고들은 카페와 김상림목공소, 디자인뮤지엄, 책박물관 등 문화예술을 전하는 장소로 변했습니다.

창고에서 진행된 행사 내내 높은 천장을 바라보았습니다. 일본강점기의 참담함이 울림으로 떠돕니다. 창고 속에서 밤새도록 쌀가마수를 세던 그들의 음성이 아직도 메아리처럼 들립니다. 먹어보지도 못한 곡식을 강탈당하면서도, 대항 한 번 하지 못했을 조상의 얼굴이 창고 안에 그려집니다.

삼례역을 통해서 군산항으로, 일본으로 수탈되었을 평야의 곡식이 떠오릅니다. 나라를 잃고 당했을 조상의 고통과 우리가 누리는 자유. 갈수록 피폐해지는 농촌의 또 다른 모습은 묵직한 느낌되어 소리없이 다가옵니다.

삼례의 문화공간은 비료창고로 만들어졌지만 많은 생각거리를 담고 있습니다. 시와 음식으로 전라도를 표현하는 삼례의 비료창고. 거대한 폭압이나 폭력도 언젠가는 역사의 유물 됨을 보여주는 교육 현장입니다.

그 안에서의 막걸리 한잔과 두부 김치 그리고 언제든 쉽게 허기를 달래주던 국수는 창고를 풍요롭게 만들었습니다. 역사의 또 다른 흔적이 '전라도의 맛과 시'로 창고에 다시 쌓여집니다.

5. talk냠talk냠

## 톡냠톡냠 송년 콘서트 2015

서울에서 "talk냠talk냠 송년 콘서트 2015"가 열렸습니다. 저는 마흔아홉에서 오십으로 넘어가는 시기에 페이스북을 통해 '빈센트 반고흐 그림이야기'를 만나 박찬운 교수를 알게 되었습니다. 채형복 교수는 '유학단상'이란 글로 만났습니다. 신기하게도 두 분 교수는 가끔 다는 댓글에 정성을 담아 긴 댓글을 달아주었습니다. 댓글강의를 읽으면서 용기를 내었습니다. 저도 글을 쓰기 시작했습니다.

지난여름, 땀을 뻘뻘 흘리면서 딸과 함께 페이스북 친구를 모아 박찬운 교수의 강의실로 찾아갔습니다. 고흐이야기로 "talk냠talk냠" 하는 시간은 즐거웠습니다. 5시간 정도가 훌쩍 지났습니다.

두 번째로, 페친들과 채형복·박찬운 교수를 다시 만났습니다. 두 분 다 인권법을 강의합니다. 기본적으로 인간애를 바탕에 두고 있습니다. 자유롭게 살면서도 사회에 뭔가를 실천하도록 독려합니다. 강남 서래마을의 인디언 레스토랑에서 모락모락 이야기꽃을 피웠습니다. 자리를 옮겨 채형복 교수와 시낭송을 함께 하면서 편안한 시간을 가졌습니다. "talk남talk냥"하면서 서로의 맺힌 이야기를 풀어놓았습니다. 모두들 뜻 깊은 시간이었답니다.

드디어 3번째 페친 송년모임을 기획하였습니다. 한 분의 추천으로 제대로 된 장소를 찾았습니다. 움직이지 않고도 오랫동안 함께 있을 수 있는 곳이었습니다. 좀 더 많은 사람이 모였으면 좋겠다는 생각이 들었습니다. 먼저 북콘서트 전문가에게 조언을 구했습니다. 전반적인 상황을 알고 나니까 더 걱정이 되었습니다. "talk남talk냥 콘서트" 대본을 만들어 보았습니다.

두 분 교수는 메시지가 분명하고 따뜻합니다. 친구를 불러 모으고 싶었습니다. 공지를 하였지만 아무런 답이 없습니다. 다시 공지를 해도 답이 오지 않았습니다. 다음 기회에 꼭 참석하겠다는 분께 페친을 맺고 타임라인에 공지를 올렸습니다. 쑥스러운 일입니다. 한 페친은 와인을 12병 보내주었습니다.

어떤 모임이든 보이지 않는 많은 것을 생각하고 준비해야 합니다. "talk남talk냥 송년 콘서트 2015"는 오후 3시에 시작해서 9시쯤 끝났습니다. 꿈같이 흐른 6시간, 강의와 수다와 식사로 시간가는 줄 몰랐습니다.

1부는 박찬운 교수의 '멋진 삶'이란 러셀 일화로 강연이 진행되었습니다. '사랑으로 고무되고, 지식으로 인도되는 삶'을 강조합니다. 2부는 채형복 교수의 '시와 심상'이란 강연과 시낭송으로 진행되었습니다. 10대, 20대까지 모두들 즐겁게 경청하였습니다.

고1인 권소영 양은 '힘들고 어려우면 자신의 의지로 무릎을 꿇는 것도 괜찮다는 것'을 배웠답니다. 무한 경쟁시대에서도 '지치면 쉬고 가야 한다는 사실을 깨달았다.'고 소감을 당당하게 말합니다.

박찬운 교수는 "생각은 깊게, 삶은 단순하게 살라."고 합니다. "건강·독서·여행 하는 삶을 살라."고 합니다. 채형복 교수는 "이제는 오십대이니, 자신이 주체가 되어 살아가라."고 합니다. 전주에서 함께 간 세 명의 지인은 말합니다. "우리나라도 이렇게 파티 문화가 바뀌었으면 좋겠어요. '부어라, 마셔라!'의 송년회가 아닌, 삶을 다시 돌아보며 정리할 수 있는 이런 송년모임으로요. 너무 좋았어요. 우리도 다음에는 전주에서 이런 파티를 해 보아요."

모임을 기획하고, 준비하고, 사회까지 보는 것은 힘겨웠습니다. 하지만 참석하신 17명 모두가 행복해 하는 모습을 보니, 어쩔 수 없이 또 다시 이런 모임을 기획해보아야 할 것 같습니다. 술 문화를 이기는 멋진 'talk냐 talk냐 송년 콘서트'로요!

## 5. talk냠talk냠

# 공동체 만들기

2015년 1월 전북혁신도시로 이사 와서 터를 잡은 곳은 완주군 이서면 갈산리입니다. 함께 이사 온 젊은 엄마는 "시도 아니고 군, 군도 아니고 면, 면도 아니고 리라면서, 갈산리가 너무 촌티가 나서 자신은 항상 출판로 25번지라고 쓴다."고 합니다.

걸어 다닐 수 있는 도서관도, 문화센터도 찾을 수가 없었습니다. 전주시 안에 있는 프로그램을 찾아보았지만, 거리상 그렇게 다닐만한 여유가 없었습니다. 걸어 다니면서 아이쇼핑할 곳도 없었습니다. 공사 중인 곳을 돌아다니면서 산책할 기분도 아니었습니다.

전북혁신도시에는 어떤 편의시설도 준비되어 있지 않았습니다. 모든 곳이 공사 중이여서 소음이 먼저 집으로 들어왔습니다. 남편의 직장을 따라서 이주하게 된 가족은 예전에 갖고 있던 직업도 대부분 그만두고 따라와야 했습니다. 한 분은 이곳에서 직장을 갖고자 노력해도 찾기가 힘들다고 하소연합니다.

공공기관 이전자 가족은 전북에 와서 재취업의 기회를 갖기가 어렵습니다. 얻었어도 다닐 수 없어 그만둔 사람도 있었습니다. 새로운 생활에 적응하지 못하고 우울증을 겪다가 다시 수도권으로 올라가는 사례도 있었습니다. 그러던 차에 우리 아파트에서 은가람 독서공동체가 생겼습니다. 함께 모여 나태주, 안도현, 채형복 시인의 시를 읽었습니다.

독서모임의 이름을 '은가람'이라 짓고, 자체 프로그램도 개발하였습니다. 함께 모여서 독서토론, 마음 나눔을 하였습니다. 여러 분들이 들락거렸지만 마음 맞는 몇 분이 꾸준하게 남았습니다. 독서공동체를 처음으로 만드는 과정은 힘이 들었습니다. 하지만 회원들은 하나 둘씩 서로를 알아가면서 재미를 느끼고 모여들었습니다.

회원이 12명 등록을 했고, 현재는 9명의 회원이 주인의식을 가지고 매주 목요일에 모여서 자체 문화를 즐기고 있습니다. 독서활동 뿐만 아니라 각자가 가지고 있는 재능을 기부해주어서 수세미 뜨개질도 하고, 비누도 만들고, 향초도 만들었습니다.

전주 신시가지에서 이사 와서 목공을 가르친 한 회원은 집으로 모든 회원을 초대하여 근사한 수육과 부페식으로 대접하였습니다. 가장 나이어린 저와 띠 동갑 친구는 완전히 전주토박이로 달달한 파인

애플 맥주와 치킨으로 회원을 감동시켰습니다. 수술로 몇 개월 동안 집에만 있었다는 한 회원은 모임에 나와서 음악을 연주해 주었습니다. 음악과 함께하는 시 낭송도 할 수 있었습니다.

회원끼리 분위기 있는 곳에서 식사도 하고, 차도 마시고 야유회도 다녀왔습니다. 한분은 약간의 용돈을 벌었다고 요리가 맛있는 집에서 한턱 쏘기도 했습니다. 아파트에서 진행되는 문화프로그램에는 같은 날 함께 모여서 퀼트도 배웠습니다.

회비를 알뜰하게 쓰고자 감사님은 서울에서 재료를 사와 함께 두건도 만들고, 크리스마스 분위기를 내는 향초도 만들었습니다. 가만히 있어도 말 한마디만 해도 즐거움과 재미를 주는 만능 분위기 메이커도 한 분 계시고, 명랑한 카리스마로 모든 회원을 따르게 만드는 분의 수고도 많았습니다. 다리를 다치고 아기를 낳아서 자주 나오지는 못하지만, 항상 귀엽게 따라오는 전주새댁 도 있습니다.

회원은 일주일에 한 번씩 모이지만, 임원인 총무, 감사와 저는 보이지 않게 준비해야 하는 것이 많아서 자주 만났습니다. 다른 취향과 감각으로 깜짝깜짝 놀랄 때가 있었지만 서로를 알아가는 재미는 또 다른 '성장의 즐거움'이었습니다.

새로운 곳으로 이사 왔다는 사실이 느껴지지 않았습니다. 한 공동체를 만들어 서로를 알아가는 재미가 있었기 때문입니다. 어찌 쉬운 일만 있겠습니까. 하지만 회원끼리 잘 헤쳐 나아갈 것을 믿습니다. 지난주 송년 파티를 했고, 내년 회장단도 자원했습니다. 전북혁신도시의 이주민과 현지인의 모임인 공동체의 발전을 기원합니다.

5. talk냠talk냠

## 완주로컬푸드

전북혁신도시로 이사 와서 매주 모악산을 올랐습니다. 모악산은 가깝기도 하거니와 가파르지 않아서 쉽게 다닐 수 있습니다. 올라갈 때와 내려올 때 만나는 경관은 매번 달랐습니다. 지루하지 않습니다. 어디쯤에 어떤 꽃의 군락지가, 어떤 춘란이 어디에 숨어 있는지 알게 되었습니다.

내려올 때는 모악산 근처에 있는 로컬푸드에 꼭 다녀옵니다. 건강을 지키는 습관처럼 찾아가게 됩니다. 신선한 식재료를 고르는 것은 작은 기쁨입니다. 제철 채소는 다른 곳에 비하여 신선하고 값도 쌉니다.

로컬푸드에 다녀오면 괜히 돈을 버는 것 같습니다. 남편이 좋아하는 고산 대봉, 딸이 좋아하는 쌀로 만든 빵, 짙은 향기의 프리지어, 사랑의 맹세가 지켜질  것 같은 분홍 장미, 오돌오돌한 밤, 빤들빤들한 마늘장아찌, 매콤새콤한 고추장아찌, 짭조롬한 깻잎장아찌, 된장국에 넣는 논우렁은 즐겨 찾는 품목입니다.

매주 새로 나온 제철 채소를 사오면 계절 밥상이 뚝딱 만들어집니다. 불미나리, 원추리, 방풍나물, 부추, 두릅을 사오면 계절의 풍성함이 저절로 식탁에 가득 찹니다.

이번 주에는 드라이플라워를 만들기 위해 스타티스를 사가지고 왔습니다. 집안이 환해집니다. 상추며, 열무며, 깐 은행이랑 마늘을 보고 있으면 손수 장만했을 농부가 생각납니다. 우리 부모님입니다. 식재료를 새벽부터 수확하고 포장했을 부모님의 정성이 느껴집니다.

"영웅이란 자기가 할 수 있는 일을 하는 사람이다."라고 프랑스 극작가 로맹롤랑은 말했습니다. 농부의 정성은 바로 숨어있는 작은 영웅의 모습입니다. 로컬푸드에서 사온 재료로 음식을 만든 날은 잔칫날이 된 듯 풍성합니다. 보이지 않게 식재료를 준비해주신 분께 감사하며 먹게 됩니다. 대형마트에서 산 음식과는 비교가 되지 않습니다.

로컬푸드는 매주 기다려지는 시공간입니다. 건강을 지킬 수 있는 신선한 장소입니다. 과포장을 하지 않아 물류비용을 아끼고 그 비용을 생산자와 소비자에게 돌려줍니다.

저희 지역 로컬푸드는 농약잔류검사를 보다 정확하게 한답니다. 신뢰를 선물로 줍니다. 지난해 경상도에서 오신 교수 부부도, 서울에서 오신 분도 로컬푸드를 구경하고는 신선한 느낌이었다고 말합니다.

본인이 사는 곳에는 이런 마켓이 없다면서 흥미로운 듯 구경하다가 경쾌하게 한 꾸러미씩 사갑니다. 남편은 로컬푸드의 작은 포장 쌀을 지인에게 선물합니다. 부담 가지 않는 작은 정성이라고 지인도 좋아합니다. 로컬푸드는 편안함과 신뢰감을 저희 인연에게도 나눠 줍니다.

신선한 먹거리는 좋은 추억을 선사합니다. 지역에 대한 애착을 갖게 합니다. 도시에 살면서 느껴보지 못한 경험입니다. 세계화는 가장 지역적인 곳에서 시작됩니다.

로컬푸드는 우리지역에서 생산되고 가공되어진 먹거리가 안전하게 유통되는 곳입니다. 사업이 발전하고 있는 모습을 보면 기분이 좋아집니다. 우리나라에서는 완주군에서 로컬푸드가 처음으로 생겼다고 합니다. 이제는 각 도시마다 로컬푸드가 있습니다.

"도시 이미지에 숨겨진 의미는 사회적인 것이 아니라 심리분석적인 것이다."라고 롤랑바르트는 말했습니다. 도시의 이미지는 개개인이 느끼는 주관적이고 심리적인 것입니다. 제가 살고 있는 곳은 전주시와 인접해 있는 완주군입니다. 한적한 시골인 완주군은 어떤 이미지로 제게 다가올까 생각해 보았습니다. 제 마음속에 떠오른 완주군의 이미지는 로컬푸드입니다.

로컬푸드는 신선함을 선물로 주는 건강함입니다. 로컬푸드는 작지만 신뢰할 만한 마켓입니다. 매주 찾아가고 싶은 소중한 곳, 가족의 건강을 챙기는 곳, 정겨운 인연을 위해 추억을 만드는 장소입니다.

우리지역의 이미지, 완주로컬푸드! 세계인도 찾아오는 로컬푸드가 될 수 있도록 더 깐깐하고 안전하게 가꿔야 할 우리지역의 듬직한 자산입니다.

5. talk냠talk냠

## 도시농업, 전주에서도 가능할까

농업에 관심이 많은 저희 부부는 농업 박람회를 좋아합니다. 꽃박람회, 정원박람회, 수석과 난 박람회는 활기와 즐거움을 줍니다. 어린 자녀와 팜(farm) 박람회에 자주 다녔습니다. 병아리를 보고, 어린 양을 만져보고, 막 만들어온 유기농 빵에 잼을 발라서 먹는 박람회는 농촌을 기반으로 살아온 저희 가족에게는 기다려지는 행사입니다.

영국의 로열 농업박람회, 첼시아 꽃 박람회, 미국 캘리포니아 딸기 축제 참여도 즐거운 기억으로 남아있습니다. 지난 주말 광주 풍암호수공원에서 제5회 도시농업 박람회가 열렸습니다. 신문이나 방송으로 도시농업을 알게 되었습니다.

도시 농업 박람회에서 처음으로 찾아간 곳은 곤충을 식용으로 개발한 회사입니다. 들고 있던 곤충을 먹어보랍니다. TV에서 곤충 라떼를 먹는 분들을 보았는지라, 눈을 찔끔 감고 먹어보았습니다. 단백질 대체 식용 푸드가 될 거라면서 만드는 과정을 자세하게 이야기

해주십니다. 소신을 갖고 도시와 농촌을 연결하려는 모습을 보았습니다.

한 군데를 지나니 도시농업을 교육하는 분이 분주하게 움직입니다. 호수공원 곳곳에서 자신들이 직접 만든 물건들을 가져와 시연을 보이고 팝니다. 여러 개의 화덕도 구비되어 있습니다. 천연비누를 종류별로 파는 곳, 베란다에서 사용할 수 있는 화분을 직접 만들어 파는 곳도 있습니다. 장터의 분위기를 내려는지 음악도 있고 다양한 볼거리도 있습니다.

한 쪽 길을 벗어나니 남도 김치와 작은 갈치를 말린 음식을 조리하여서 팝니다. 도자기 코너 에서는 풍경 만드는 체험도 하고 종도 팝니다. 예쁜 꽃차도 팝니다. 광주 지역에서 직접 만든 것입니다.

조금 더 걸어가니 예술텃밭 공모전도 보입니다. 요리조리 작은 텃밭을 가지고 자신만의 공간을 만들었습니다. 씨앗 채소부터 쌈 채소까지, 오래된 호박과 예쁜 꽃들, 재활용품과 자신의 소품을 이용하여 작가의 생각을 담았습니다. 주변 사람들이 감탄하며 쉬어갈 수 있는 예술적인 텃밭입니다. 보고만 있어도 마음이 환해집니다.

마지막 코스로 원예치료하는 곳을 찾았습니다. 7가지 무지개 색을

맥반석 위에 깔면서 자신의 삶을 회상하는 시간을 가졌습니다. 태어날 때부터 지금까지의 삶을 색깔로 정의하고 생각해보면서 자신을 돌아봅니다. 다 만들고 나니 색의 의미를 알려줍니다. 어느 시기가 가장 행복했고, 어느 시기가 시련의 시기였는지 한눈에 들어옵니다.

7년에 한 번만 꽃이 핀다는 행운 목을 심었습니다. 행운이 가득 들어오길 바라면서 조각돌 3개에 소원을 썼습니다. 짧은 시간의 원예치료시간, 도시농업이 왜 필요한지를 간접적으로 일깨워주었습니다.

돌아오는 도중, '농촌으로 둘러싸인 전주에 도시농업이 필요할까' 라는 의문이 들었습니다. 하지만 도시농업은 지난여름처럼 무더위에 열섬현상을 완화시켜줄 수 있습니다. 공기정화작용으로 지속 가능한 생태도시를 만들 수 있습니다.

학교 텃밭은 어린이나 청소년들이 식물을 직접 키워봄으로써 성취감과 자아 만족도를 높여 줄 수 있습니다. 공원 텃밭, 주말농장, 아파트 보도블럭 텃밭은 주민들이 함께 키우고 나눠먹음으로써 공동체의 유대감을 강화시킬 수 있습니다. 원예치료, 도시텃밭 교육, 주말 농장이나 실내가든 교육으로 새로운 일자리도 창출될 수 있습니다.

도시농업 박람회를 돌아보면서 느낀 것은 먹거리는 우리의 삶이라는 것입니다. 전북혁신 도시의 한 아파트를 산책하다 마주친 장면입니다. 조그만 아이가 보도블럭 위의 아파트 텃밭을 보면서 "요건 뭐야, 저건 뭐야?"라고 질문합니다. 젊은 엄마는 자신 있게 답합니다. "나도 몰라, 저기 계신 할머니께 물어보자."

이렇게 텃밭은 서로 서로를 이어주는 연결고리가 됩니다. 자신이 직접 식물을 키워봄으로써 농업에 대한 인식의 전환도 가져올 수 있습니다. 전주에서도 도시농업이 학교 텃밭이나 공원 텃밭, 베란다 정원이나 아파트 옥상정원 등으로 피어나면 좋겠습니다.

5. talk냠talk냠

## 걷기 좋은 꽃길

익어 고개 숙인 노란 들판에 보슬보슬 가을비가 내립니다. 반갑지 않는 손님입니다. 사진작가인 친구는 구절초 축제를 가보라고 강권합니다. 물론 차가 많이 막히니 대책을 강구하고요. 벼르고 벼른 구절초 축제를 가는 날인데 걱정됩니다. 하지만 비 내리는 길은 한적합니다. 들판은 한없이 고요하고 평화롭습니다.

구절초 축제장의 초입에는 코스모스와 해바라기가 피어있습니다. 찾아오는 이들을 반기는 것처럼 초연합니다. 주차하고 들어가는 길목에는 야들야들한 진분홍색의 바늘꽃이 피어있습니다. 처음으로 걸어들어 간 곳은 솔숲의 정상 부근입니다. 소나무 아래는 구절초가 꽉 차게 피어있습니다. 저절로 걷고 싶은 꽃길입니다. 보도블럭에도, 벤치에도 구절초가 그려져 있습니다. 어떤 벤치는 앙증맞은 동물 모양을 해 놓았습니다. 정성스럽게 쌓아올린 돌탑도 있습니다.

향기를 맡으면서 걸었습니다. 앉아서 쉬며 꽃을 감상하다가 '느리게 가는 편지'도 썼습니다. 잘 계획되고 정성스럽게 가꾸어 놓은 정원 같습니다. 산 위로 피어오르는 운무, 중간중간 흔들리는 코스모스, 주렁주렁 매달린 감나무를 올려다보는 하얀 구절초. 이재무 시인은 자신이 쓴 시 중에서 '감나무'를 가장 좋아한답니다.

감나무 저도 소식이 궁금한 것이다
그러기에 사립 쪽으로 가지도 더 뻗고
가을이면 그렁그렁 매달아 놓은 붉은 눈물
바람결에 슬쩍 흔들려도 보는 것이다
- 「감나무」 중에서, 이재무 -

무수히 피어오른 구절초 향기에 저도 모르게 탄성이 나옵니다. 어린 시절 학교에서 돌아오는 길, 울타리 옆에 피어있던 구절초 향기가 이곳에서 납니다.

추억 따라 걸으니 어느새 산 정상입니다. 정자 밑에는 아트경관 벼를 시간대별로 찍어놓은 사진이 걸려있습니다. 구절초 축제의 역사를 보여줍니다. 정자에 앉아 사람을 살펴보았습니다. 구절초에 물들어서 환합니다.

옥정호의 새벽안개를 머금고, 휘어진 솔숲 바람을 품고 피어난 구절초. 구절초를 찍기 위해 모여든 사진작가. 그 뒤를 따라다니면서

각도를 맞춰 사진을 찍어보려는 일반 시민. 이들을 지켜보는 묘미도 멋진 추억입니다.

캘리포니아에는 퍼피(양귀비꽃) 축제가 있습니다. 끝이 안 보일 정도로 너른 평야는 노란색, 주황색 양귀비꽃으로 펴져있습니다. 그 축제에 두 번 참석했지만, 아직도 잊을 수 없는 추억입니다. 이곳이 그런 곳이 될 것 같습니다. 둘러둘러 내려와서 구절초로 만든 제품과 음식 코너를 돌아보았습니다. 현장에서 만든 뜨끈뜨끈한 두부와 구절초 동동주는 출출한 허기를 달래줍니다.

전북에는 가을 축제가 같은 시간대에 많이 열립니다. 날씨가 좋은 가을을 잡아서 그럴 거라 생각됩니다. 지방자치단체장들이 서로 협조해서 중복되는 축제는 시기를 조절하고, 엇비슷한 축제는 서로 통합하면 좋겠습니다. 축제라고 해서 가보면 다시 가보고 싶은 축제는 몇 안 되기 때문입니다. 하지만 이 구절초 축제는 갈수록 더 가보고 싶은 축제가 될 것입니다. 왜냐하면 지역의 산과 들녘을 일 년 내내 가꾸고, 지역과 어우러지는 정청 분위기를 계속 담아내기 때문입니다.

내려오는 길에 바라본, '땀과 노력, 위기 극복의 시간들'이라는 사진은 구절초 축제를 지켜낸 주민의 모습이 생생하게 담겨 있습니다.

올여름은 가물어서 개화에도 많은 문제가 있었을 것입니다. '숨어서 일하는 사람들'을 숙연하게 생각해 볼 수 있었습니다.

구절초 축제는 그 자체로 평화로움이었습니다. 한 사진작가는 저희 가족을 찍어줍니다. 사진이 마음에 들지 않는다고 본인의 고성능 카메라로 다시 찍어 휴대폰으로 전송해줍니다.

산길을 걸으면서, 수변 길을 걸으면서, 몇 시간 동안 꽃향기와 사람향기에 취했습니다. 은은하게 다가온 가을 선물입니다. 내년에도 꼭 다시 가고 싶은 축제입니다.

5. talk남talk남

## JUMF: 전주얼티밋뮤직페스티벌

유일하게 즐겨보는 TV프로그램은 '나는 가수다, 복면 가왕, 불후의 명곡'입니다. 열창하는 가수들을 보면서 그들의 치열함을 느낄 수 있기 때문입니다.

외국에 있을 때도 비디오 대여점에서 복사본을 빌려보았습니다. 얼마 전 좋아하는 가수의 콘서트를 가기 위해서 일부러 컴퓨터를 잘하는 친구에게 예매를 부탁했지만 1분 만에 예매 완료가 되었습니다. 가고 싶어도 못 갔습니다.

올해 처음으로 3일 동안의 음악 페스티벌이 전주에 생겼습니다. 〈JUMF: JEONJU ULTIMATE MUSIC FESTIVAL〉입니다. 약자의 발음이 가슴에 딱 들어왔습니다. 낙후되고 왠지 슬로우한 전주를 점프시키자는 의미와 함께, 음악이 공연되는 동안 '서서 뛰자'라는 개념으로 이해됩니다.

티켓 두 장을 사서 냉장고 위에 붙여놓고 기다렸습니다.

공연 날은 폭염특보가 내렸습니다. 무더위 속에서 일찍 갈 수는 없었습니다. 더위가 조금 가신 늦은 오후에 집을 나섰습니다. 공연장소는 이미 만 차입니다.

갑자기 내린 소나기에도 먼저 오신 분은 집으로 돌아가지 않았습니다. 비를 쫄딱 맞고도 노브레인의 음악에 맞춰 열광하면서 뜁니다. 함성으로 호응하는 젊은이가 부럽습니다. 자연스럽게 서 있던 저도 흔들거립니다.

좀 더 가까이에서 가수를 보려고 이리저리 돌아다녔습니다. 끼어들어 갈 수도 없습니다. 불 쇼가 올라갈 때는 뜨거운 열기가 확 번집니다. 폭염도, 불 쇼의 열기도, 소나기도 젊은이의 열기를 꺾지 못 합니다. 오히려 음악으로 폭염은 열기를 식힙니다. 대단합니다. 고풍스러운 전주에서 찢어질 듯 울려 퍼지는 락 분위기는 핫한 여름을 더 핫하게 만듭니다.

화장실을 다녀왔습니다. 여자 화장실은 긴 줄입니다. 화장실 앞에서 만난 젊은 아가씨들은 경상도 말씨, 경기도 말씨 등 여러 사투리를 씁니다. 외지에서 온 분입니다. 여자화장실의 기다림 문제는 여전합니다. 7개의 변기 중 3개는 '물이 세지 않으니 소변만 보라.'는 내용의 A4용지가 붙어 있습니다.

2만 이상이 왔다는 〈JUMF〉입니다. 오래된 이 공설운동장은 앞으로 어떻게 그 많은 손님을 받아들일까요? 개선되어야 할 공연장의 한 부분이었습니다.

소나기가 내린 후, 크라잉넛, 국카스텐의 음악에 맞춰 관객들은 뛰면서 노래를 따라 부릅니다. 이열치열이라고 관객의 얼굴은 더 밝고 시원해 보입니다. 윤도현 밴드와는 떼창을 합니다. 스탠딩 뒤편에 있던 분은 텐트를 치고 연인, 친구, 가족끼리 느긋하게 축제를 즐깁니다. 타인에게 신경 쓰지 않고 혼자 몰입하여 춤을 추는 분도 있습니다. 밤 12시 가까이에 엔딩으로 출연한 이승환은 역시 공연의 신입니다. 첫 회라서 그런지 몸을 비빌 정도로 많은 인파가 모이지는 않았지만 질서 정연합니다.

함께 참석했던 대학생 조카는 예상 밖의 질서 정연한 공연 모습에 놀랐답니다. 유명한 가수와 잘 들어보지 못한 가수의 순서를 적절하게 배분하여서, 다양한 장르의 노래를 실컷 들을 수 있어서 좋았다고요. 저도 즐거웠는데 대학생인 조카도 흥겨웠답니다. 10대에서 50대까지 다 즐길 수 있는 음악 페스티벌로 성공한 것입니다.

〈2016 전주 창작가요제〉도 〈JUMF〉 첫날에 열렸습니다. 대학가요제가 사라진 지금, 전주에서 이 페스티벌이 지속된다면 소리의 고향인 전주는 다시 살아날 것입니다.

전국 광역단체 가운데 고령화가 1~2위라는 전북입니다. 젊은이의 함성이 우렁차게 들리니 역동적인 미래가 전주를 부르는 것 같습니다. 지나다니면서 쓰레기를 치우던 젊은 스텝도, 폭염 속에서 부지런히 카메라를 움직이는 스텝도, 반바지에 운동화를 신은 전주 MBC 사장도 환호합니다. 젊고 활기찬 공연 뒤의 보이지 않게 숨어 있는 힘이었습니다.

풍류 소리를 즐기는 전통문화의 도시, 전주! 비틀즈로 리버풀이 세계적인 명소가 되었듯이 〈JUMF〉로 전주가 다시 한 번 전통 소리로, 현대적 음악으로 세계적인 문화도시로 점프하기를 기원합니다.

## 5. talk냠talk냠

# 풀꽃, 개망초꽃

바람이 적당히 부는 날 산책을 하자는 친구들을 만나 늦은 밤, 공원 한 바퀴를 돌았습니다. 개망초꽃과 여러 종류의 들꽃 내음이 한여름 밤을 녹입니다.

개망초꽃은 풀꽃입니다. 개망초꽃으로 환하게 빛난 공원은 조명을 받아 푸른빛이 감돕니다. 갈대와 들꽃으로 소박함을 뿜어내는 들판은 제가 살고 있는 아파트 주변입니다.

한 친구는 지금이 개망초꽃의 절정이라고 말합니다. 저녁시간에 걸었기에 꽃이 핀 한 낮의 경관이 궁금했습니다. 여름이 지나기 전에 개망초꽃으로 꽉 찬 공원을 돌아보기로 마음먹었습니다. 친구들과 개망초꽃이 잘 보이는 만성루에서 차를 마시기로 약속했습니다.

다음날 땡볕 아래서 걸었습니다. 꽃이 많이 져버렸지만 낮에 보니 꽃들은 선명합니다. 공원길에는 루즈베키아와 금계국이 개망초꽃과 함께 어울려 흔들거립니다. 바람 길이 통해서인지 만성루에 앉아서 먹는 수박은 가슴속까지 시원합니다.

그늘을 찾아서 다리 밑의 평상에 앉았습니다. 서늘합니다. 각자 챙겨온 것을 꺼내 놓습니다. 씻은 사과, 블루베리, 냉커피, 비스킷, 초콜릿 등 가져온 것을 풀어놓고 시간을 보냈습니다.

자세히 보아야 예쁘다
오래 보아야 사랑스럽다
너도 그렇다.
-「풀꽃1」, 나태주 -

여기저기 들녘에 자라는 개망초는 잡초입니다. 봄에 캐서 초고추장이나 된장에 버무려서 먹는 들나물입니다. 올해 저도 다른 분이 쑥을 캘 때 먹어보려고 개망초를 캤습니다. 망초꽃의 원산지는 북미입니다. 일제강점기 때 철도를 놓기 위한 침목에 망초꽃씨가 따라왔답니다. 나라가 망할 즈음에 들어와 피었다고 망초꽃이라고 불린답니다.

개망초꽃, 망초꽃은 이제 전국적으로 확산되어서 여름에 가장 흐드러지게 피는 들꽃이 되었습니다. 아이들은 계란꽃, 계란후라이꽃이라고도 부릅니다. 밤에 본 개망초꽃은 푸른빛이 감돌아 안개꽃처럼 보였습니다. 낮에 본 개망초꽃은 메밀꽃같이 흐드러집니다. 한 번도 자세하게 보지 못한 풀꽃, 아니 잡초라고 생각한 꽃이 새삼스럽습니다.

산책에서 돌아오는 길에 눈을 크게 뜨고 풀꽃을 보았습니다. 노란 애기똥풀도 누워서 활짝 웃고 있습니다. 갈퀴나물도 보랏빛과 핑크빛 꽃을 피우면서 언덕을 기어오르고 있습니다. 쇠비름은 잡초 중에서도 생명력이 강한 잡초입니다. 포장된 도로 틈에서 쑥쑥 자라고 있습니다.

환삼덩굴은 앙팡지게 버드나무 줄기를 붙잡고 기어오릅니다. 항암작용에 좋다는 개똥쑥은 갈대숲 근처에서 살포시 얼굴을 들이밉니다. 일사병과 독충에 물렸을 때 즙을 내어서 사용한다는 명아주는 보들보들한 잎을 보이면서 흔들립니다.

이름을 알고 나면 이웃이 되고
색깔을 알고 나면 친구가 되고
모양까지 알고 나면 연인이 된다
아, 이것은 비밀
－「풀꽃2」, 나태주－

왕성한 잡초의 특성은 작고 가벼운 씨앗을 퍼뜨려서 어떠한 환경에서도 끝까지 살아남는 것입니다. 잡초나 풀꽃을 보고 있으면 생명력이 그대로 느껴져서 저 또한 힘이 납니다. 돌 속에 보석이 숨어 있듯이 잡초와 풀꽃에는 강인한 생명력이 살아있습니다.

개망초꽃의 아름다움을 알게 된 날, 돌아오는 길에서 본 잡초와 풀꽃은 또 다른 세계였습니다. 느릿느릿 산책하면서 본 개망초꽃은 지금까지 열어보지 못한 색다른 경관을 선사하고 있습니다.

그 너머를 볼 수 있다는 것은 '비밀을 알아간다는 것'입니다. 개망초꽃의 아름다움을 볼 수 있었던 것은 아주 작은 도전과 시도, 땡볕의 아침에 한 번 더 걸어 본 산책 덕분이었습니다.

5. talk남talk남

## 마지막 편지

전주로 이사 와서 독자기고를 하였습니다. 신문사의 편집국장님이 전화를 하였습니다. 한번 만나자고요. 1년 동안 주부라는 타이틀로 주변에서 일어나는 일상적인 이야기를 써달라고요. 흔쾌히 약속했습니다. 글을 쓰는 것은 즐거웠습니다. 매일 SNS에 글을 쓰고 있었기 때문입니다.

신문에 매주 한 편씩 글을 쓴다는 것은 엄청난 에너지가 필요하였습니다. 신문 글은 인터넷에 떠다니고, 저는 그 글의 평가를 받아야 했습니다. 글이 나가고 난 뒤에야 오타가 보였습니다.

실수를 발견했을 때, 준비가 부족했던 저 자신을 책망했습니다. 얼굴이 시뻘게지며 숨도 쉴 수 없는 고통으로 밤잠을 설쳤습니다. 어떤 날은 열심히 퇴고를 한 것을 보내지 않고, 초고를 보낼 때도 있었습니다. 연거푼 실수로 쥐구멍에라도 숨고 싶었습니다.

"좋은 작가가 되기보다는 좋은 독자가 되려는 게 글쓰기의 지름길이에요. 무엇보다 중요한 것은 자기 안의 스승을 찾는 거지요."

– 이성복 시인 –

홀로 글을 쓰면서 저 자신과 직면하는 시간이 많았습니다. 마감날짜에 맞춰서 글을 보내고 난 뒤, 이틀 동안은 마음이 후련합니다. 성취감도 느껴집니다. 하지만 다음 날부터 무엇을 써야 할지 큰 고민에 빠져듭니다. 마음이 답답해지고 때론 토할 것 같았습니다. 글이 나오지 않는 날은 컴퓨터 앞에서 낙서만 하였습니다.

신문에 글이 나가자 꼼꼼하게 읽고, 피드백을 해주는 가족과 친구가 있었습니다. 지켜봐 준 고마운 분입니다. 글을 쓰다 보면 개인사가 나옵니다. 공개적으로 쓰는 것은 용기가 필요합니다. 또한 제 주변 사람의 이야기가 나오기에 신경이 많이 쓰입니다. 때론 저도 모르게 주변 사람에게 상처를 줄 수도 있기에 조심스러웠습니다.

하지만 글쓰기는 저를 찾아가는 과정이었습니다. 마주하기 싫었던 모습도 보였고, 성찰할 수 있는 시간이었습니다. 또 다른 저를 만나, 지지와 위안도 받았습니다. 저 자신에게 먼저 물으며, 제 안의 도반과 스승을 찾아갔습니다. 때론 더디지만 성장하는 저 자신을 만났습니다.

"우리 스스로를 찬찬히 들여다볼 수만 있다면 세계를 읽어낼 수 있습니다."

– 마루야마 겐지 –

매주 글을 쓰기 위해서는 어디라도 다녀와야 했습니다. 덕분에 몸을 부지런히 움직일 수 있었습니다. 글을 쓰면서 가장 많이 성장한 점은, 두 시간만 주어지면 어떤 글이라도 A4용지 한 장을 채울 수 있었습니다. 물론 다듬는데 2~3일이 걸리지만요. 글을 쓸 때 받았던 무거운 압박감과 고통 중에도 행복했던 이유입니다.

글을 쓰면서 저를 계속 바라볼 수 있었습니다. 무엇을 위해 살고, 무엇에 가치를 두면서 살아가야 하는지를 배울 수 있었습니다. 저와 가족에서 벗어나 세계를 읽어 볼 수 있었습니다.

글쓰기는 눈이 아픈 힘든 과정을 지켜봐준 좋은 벗이었습니다. 평안한 마음을 유지시키고 저를 명쾌하게 만들었습니다. 또한 글쓰기는 어느 누구도 빼앗을 수 없는 고요한 힘을 주었습니다.

"글을 못 배워서 나이 들어 글을 배우니 너무나 힘들어요. 하지만 지금이라도 글을 배우니 세상이 환해졌어요. 살맛나고 행복해요. 이 나이에 우리에겐 우울증이 없어요. 정말 세상이 신나요. 볼 것도 많아요.”

– 문해반 어머님, 전주주부학교 –

저는 오늘, 새전북신문에 마지막 편지를 씁니다. 지금까지 글을 읽고 쓸 수 있다는 것에 한 번도 감사해보지 못했습니다. 부끄러운 일입니다.

“나는 씁니다. 따라서 나는 스스로 안심합니다.”

– 롤랑 바르트 –

글을 쓸 수 있다는 것에 감사하며, 안심하며, 이제 원래대로 SNS에 ‘백제녀 편지’를 쓸 것입니다. 살아가는 이야기, 책 소개, 여행 이야기를 자유롭게 풀어낼 것입니다. 좀 더 충전하고 여유를 갖게 된다면, 다시 독자 여러분을 만날 것입니다. 그동안 졸필을 읽어주셔서 진심으로 감사드립니다.

# 마흔아홉

- 백제녀 편지 -

저자 이 정 지

발 행 2017년 1월 5일
교 정 높이깊이
편집디자인 편집부
표지디자인 편집부

발행처 높이깊이
발행인 김 덕 중

출판등록 제4-183호

주소 서울 성동구 성수1가동 22-6 우편번호 133-819
전화 02)463-2023(代) 팩스 02)2285-6244

E-mail djysdj@naver.com

정가 12,000원

ISBN 978-89-7588-356-9